同济大学研究生院资助项目（编号 2019JC23）

上 海 模 式

SHANGHAI MODEL

上海社会研究

王世军　著

同 济 大 学 出 版 社
上海 · 2020

序 言

过去几十年来，在国家战略支持下，上海抓住经济全球化机遇，实行改革开放，以经济发展为优先战略，带动经济、社会和环境协调发展，实现了从一个发展中国家的特大型城市向“五个中心”的现代化国际大都市的转变，未来将进一步建设成为卓越的全球城市。

作为一个在剧烈转型过程中以前所未有的速度崛起的全球化大都市，上海的发展轨迹、行动与战略有着怎样的特点？其成功究竟来自何处，关键因素又是什么？上海转变的地方经验和知识，对全球城市理论的贡献为何？诸如此类的议题，在世界范围内吸引了研究城市问题的专家学者和城市管理者的关注。本书作者收集和整理大量数据和资料，对此进行了较为全面和系统的分析，丰富和深化了我们对上海这座复杂、迷人、充满无限未来的全球城市的理解和认识。

本书内容丰富、条理清晰、叙述简明扼要，相信它会引起研究城市的学者们的极大兴趣，并给城市管理者带来重要的启迪。

是为序。

诸大建
同济大学可持续发展与管理研究所所长、教授
2020 年 6 月 22 日

目录 | Contents

第 1 章

作为先行者的上海

上海与上海人

上海政区的演变

上海地区的文明史可以上溯到6000年前，但今上海市大部分地区，直到公元8世纪左右才最终成陆，唐代仍为渔村。宋朝时，江南经济发达，海上贸易兴起，位于今上海青浦境内的青龙镇，成为最初的沿海转口贸易港口。后因航道淤塞，转移至黄浦江支流上海浦附近——上海即得名于上海浦。

上海作为政区名称，始于南宋咸淳三年（1267年）设置的上海镇。元至元二十八年（1291年），元朝把上海镇从华亭县（今上海市松江区）划出，设立上海县（图1.1）。清朝设江南提督于松江，上海由松江府管辖。清雍正八年（1730年），苏松太兵备道衙门移设上海，上海取代松江成为地区行政中心，不仅使上海政治地位空前提高，也使上海趋向于成为这一大片地区的中心城市和枢纽城市。[1]

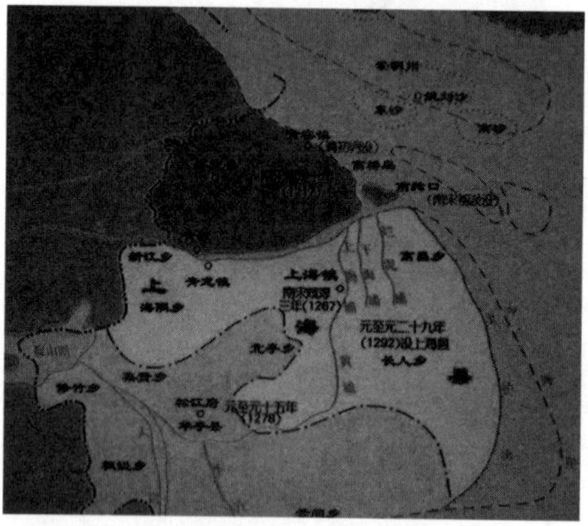

图1.1 宋元时期的上海地区

资料来源：《上海市地图集》，上海科学技术出版社，1997年，44页。

1. 张仲礼《近代上海城市研究（1840—1949年）》，上海人民出版社，2014年，441页。

1843 年上海开埠。1845 年英租界辟设，当时划定英侨居留地的境界，东起黄浦江，南到洋泾浜（今延安东路），北至李家厂（今北京东路、圆明园路一带），西到河南路。到 1848 年，英租界已向西扩充到泥城桥（今西藏路），向北扩充到苏州河。

1848 年美国圣公会设立教堂于苏州河以北的虹口，同上海道台划定了美侨居留地界，从泥城桥沿苏州河及黄浦江到杨树浦，沿杨树浦向北 3 里为止，从北向西画一直线到泥城桥。1863 年 9 月，英租界与美租界合并而成公共租界。中日甲午战争（1894 年）后，公共租界扩展为东从杨树浦桥到周家嘴，西从泥城桥到静安寺，南从八仙桥到静安寺，北从虹口的第五号界石到上海北境。

1849 年法国继英美之后，与中国政府正式划定法租界，南至城河，北至洋泾浜，西至关帝庙褚家桥，东至广东会馆，沿江至洋泾浜南角。此后法租界又经历三次扩张，由黄浦江西岸向西延伸到徐家汇。由此上海形成了公共租界、法租界、华界三分天下的城市格局（图 1.2）。

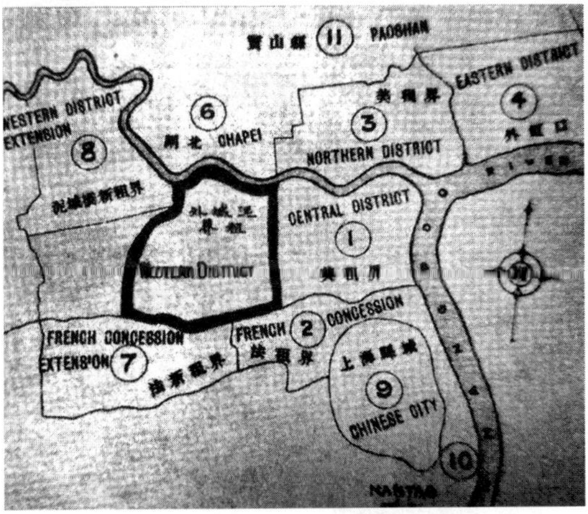

图 1.2 1912 年出版的上海市租界地图

资料来源：叶文心《民国知识人：历程与图谱》，生活·读书·新知三联书店，2015 年，85 页。

1927 年，南京国民政府成立后，上海被定为直属中央政府的“特别市”，从此上海摆脱县级身份而正式有了上海市之名。上海特别市确立了市、区两级行政体制，共 17 个区，面积 494.67 平方公里，管辖的范围包括上海县、宝山县的吴淞、江湾等乡，加上七宝、莘庄、周浦等乡的一部分，远远超出原来城厢范围。

上海特别市的设立，使得上海华界长期分散的行政权得以统一。在 1927 年公布的《上海特别市暂行条例》中，上海特别市政府将公共租界改称为第一特区，法租界改称为第二特区。抗战结束后，公共租界和法租界被收回，上海市区全部为上海市政府所管辖（图 1.3）。

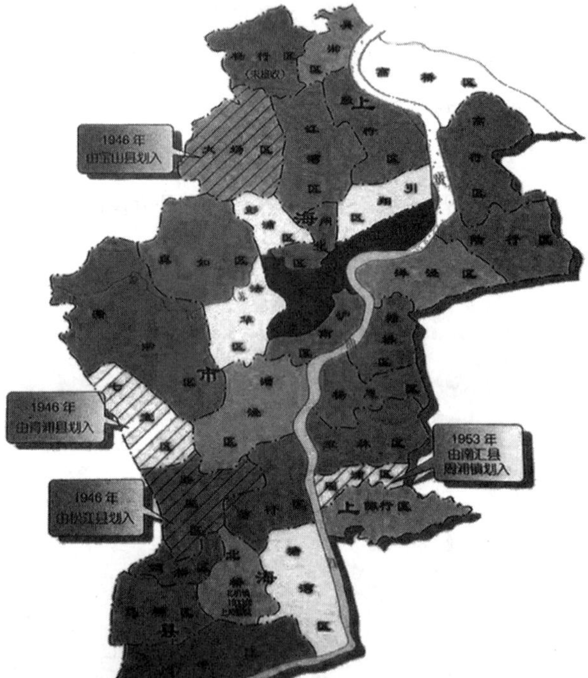

图 1.3 1927—1945 年上海市和上海县区划

资料来源：《上海市地图集》，上海科学技术出版社，1997 年，45 页。

上海特别市政府成立后，十分重视市政建设，成立都市设计委员会，参照国外大都市的建设经验编制了“大上海计划”及“市中心区域计划”，并取得了一些成就，上海市政府大楼、博物馆、图书馆、运动场、体育馆等设施相继建成。但不久日本全面侵华战争爆发，“大上海计划”被迫中断。

1946 年抗战胜利后，上海专门成立了大上海都市计划委员会，并于 1948 年发布《大上海都市计划总图草案报告书》，提出了“市中心加卫星城”的上海城镇体系。“大上海计划”是近代上海第一个大型的、综合性的都市发展规划，在上海的都市建设史上具有开创性的地位和意义。

新中国成立之初，上海市行政区域面积 636.18 平方公里，其中市区面积 82.4 平方公里，人口不足 500 万（表 1.1）。

表 1.1 上海市及市辖区、郊县的面积与人口变化

年份	面积（km^2）	户籍人口（万人）	市辖区			郊县		
			个数	面积（km^2）	人口（万人）	个数	面积（km^2）	人口（万人）
1950	636	493	20	107	418	10	529	75
1960	5863	1056	12	141	641	11	5722	415
1970	—	1073	10	—	580	10	—	492
1980	—	1147	11		601	10	—	545
1990	—	1283	12	—	783	9	—	500
2000	6340	1313	16	3924	1128	3	2416	185
2010	6340	1404	17	5184	1331	1	1185	69

资料来源：崔庆仙等《城乡关系变迁中的大都市政区整合与转型：上海案例》，《人文地理》2012 年 1 期，84 页。

为解决上海市中心城区副食品供给短缺问题，国务院于 1958 年先后将江苏省的嘉定、金山、崇明 10 县划归上海市管辖，上海面积扩大了十倍（图 1.4）。上海市充分利用区划调整的契机，将原三个郊区

建制（西郊区、北郊区、东郊区）全部撤销，原郊区范围内的城市地区并入市区、农村地区并入郊县。上海市完成了城市政区的首次大规模扩张，形成了上海大都市直辖的基本空间形态与格局。1964 年，上海形成 10 市区、10 郊县格局。这一格局维持了将近 30 年，直到 20 世纪 90 年代以后才逐步打破（表 1.2）。

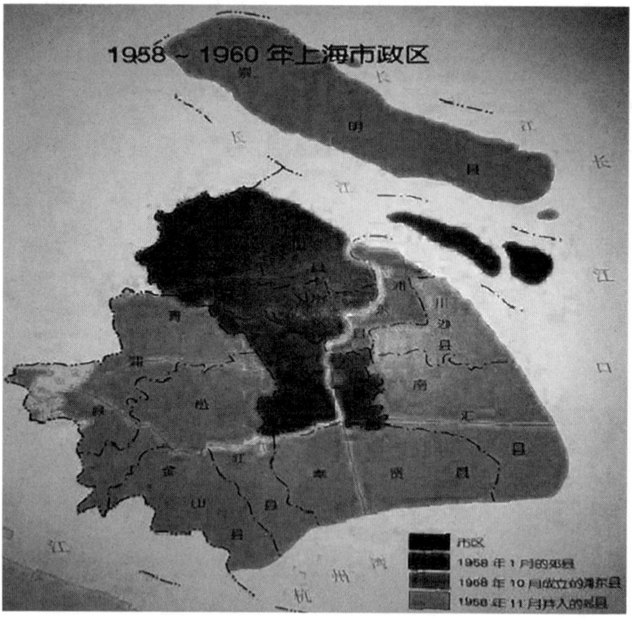

图 1.4 1958—1960 年上海市政区

资料来源：《上海市地图集》，上海科学技术出版社，1997 年，46 页。

表 1.12 上海城区空间变化轨迹

阶段	年份	主要调整内容
1949—1978 年外并内合，大幅调整	1949	30 个市辖区，其中 20 个市区、10 个郊区
	1950—1956	原黄浦区与老闸区合并为黄浦区；撤销嵩山区，大部分并入卢湾区；常熟区并入徐汇区；闸北区和北站区并称闸北区；四川北路并入虹口区；多次调整杨浦区区界

续表

阶段	年份	主要调整内容
1949—1978 年外并内合，大幅调整	1958	东郊、东昌两区合并成立浦东县；上海、川沙、金山县、青浦县、奉贤县、闵行县、嘉定县、松江县、南汇县由江苏省划归上海市
	1960	提篮桥区并入虹口区
	1961	浦东县撤销建制
	1964	闵行区并入徐汇区、宝山区并入杨浦区等，最终设立10 个市区、10 个郊县
1978—1999 年局部整合，趋于稳定	1980	设立吴淞区
	1982	恢复闵行区
	1988	撤销宝山县和吴淞区，设立宝山区
	1992	撤销上海县和原闵行区，设立闵行区
	1992	以川沙县全境、原上海县三林乡和黄浦、南市、杨浦三个区的浦东部分，设立浦东新区
	1992—1999	撤销嘉定县、金山县、松江县、青浦县，设立嘉定区、金山区、松江区和青浦区
2000 年至今优化调整、趋于完善	2000	黄浦区和南市区合并成立新的黄浦区
	2001	撤销南汇县、奉贤县，设立南汇区、奉贤区
	2005	宝山区的长兴、横沙两乡划入崇明县
	2009	南汇区划入浦东新区
	2011	撤销卢湾区，并入黄浦区
	2015	静安区和闸北区撤并，设立新静安区
	2016	崇明撤县设区，上海结束了县制的历史

资料来源：周振华、陶纪明等《上海战略研究：历史传承 时代方位》，格致出版社、上海人民出版社，2014 年，68 页。

何谓上海人

开埠之前，上海人口大体有四个来源：一是随着上海陆地的逐渐形成，从太湖流域顺势东迁的，这是上海地区的最早居民；二是在北宋、南宋之际，随着宋王朝迁都杭州，从北方中原一带迁移而来的；三是在元末农民起义时，因避战乱而从江南、江北一带逃到上海的；四是随着明清时期上海经济的繁荣，海上贸易的发达，从江苏、浙江、广东、福建等地移居上海的。[2]

开埠之后，特别是 19 世纪 60 年代以后，大量移民涌入上海，其中大多属零散、自发、非组织性的，除了因战乱、灾荒而来沪避难者，还有很多来沪创业者、投资者、冒险者等。上海人口剧增，1883 年超过 50 万，1930 年超过 300 万，1942 年已达 392 万，1946 年达到 546 万。

一位历史学家曾经写道：

> 上海，这个在 19 世纪中叶开埠以前极为普通的滨海县城，历经开埠以后 80 年的沧桑巨变，到 1930 年代俨然是一个被称为东方巴黎的现代大都市。尽管这个历程中充满着屈辱、哀伤和血腥，但也凝结着无数的创造、成功和辉煌——这个历史巨变产生的一个最重要的社会成果，是新上海人逐步取代了城墙内的老上海人，走到了社会的中心，成为这座城市的主体。这个理直气壮地对外宣称是“上海人”的人群大而庞杂：有殖民者、外国难民、冒险家，有国内的逃难者、求生者、淘金者，当然，还有负笈千里的莘莘学子。也在这传统和现代的新陈代谢中，上海老城厢内的本地人蜕变成新上海人群中的一部分，不再凸显自己的特征。以至于在今天，铺天盖地的现代媒体所传达的怀旧情绪，是针对 1930 年代摩登的上海人而发，而不再去追寻更具本土意义的原生态的上海人。[3]

不过，在整个 19 世纪晚期，并没有“上海人”这一称呼。人们住在上海，在上海谋生，但并不认为自己是上海人，或者说，还没有形成上海人的身份认同。

在这个大多为临时性居民的社会里，监管机制运作得很差，不论

2. 熊月之《上海人解析》，上海教育出版社，2019 年，1 页。
3. 张济顺《远去的都市：1950 年代的上海》，社会科学文献出版社，2015 年，413 页。

是对那些试图摆脱传统组织束缚的中国人，还是对隶属于不同的行政当局和领事裁判权的西方人都一样。由于缺乏强势统一的地方政府，权威主要是通过代表各个地方利益或专业利益的团体来实现：商会、俱乐部、侨民协会、同乡会馆、秘密社会组织或犯罪团伙，各个团体大都各自为政。[4]

近现代意义上的上海人，文化人类学或族群意义上作为大都市人的“上海人”的真正形成，大概是 20 世纪初的事。[5]1900 年，李鸿章在与李平书谈话时说：“君是上海人，当与洋人习，何不度德，不量力乃尔！”据说这是最早提到上海人的记录。1904 年，蔡元培等人主编的《警钟日报》发表题为《新上海》的社说，已经提出上海人的概念：

上海何以美？上海者，上海人之上海也。上海人得此天然地势，宜其组织特色文明。随上海潮流，灌注全国，使全国人饱饮吾上海文明乳汁，再出其余力灌注全地球，使全地球人饱饮吾上海文明乳汁。果尔，则全国人民脑智之发达，皆受吾上海人之赐，全地球人民脑力之扩充，皆食吾上海人之福。上海人荣耀，即上海荣耀。上海形势既不辜负吾上海人，吾上海人又安得辜负此上海形势？[6]

新中国成立后，从 1958 年起实行严格的户籍管理制度，从此迁出容易迁进难，上海人变成那些具有上海城市户籍的人的称谓，又由于上海在中国的重要地位，形成特殊的“上海人”身份意识。

2000 年 8 月，上海媒体上首次出现了“新上海人”的表述，是指改革开放后移民到上海的外地人。

4. 白吉尔《上海史：走向现代之路》，上海社会科学院出版社，2005 年，96 页。
5. 熊月之《略论上海人形成及其认同》，《学术月刊》1997 年 10 期，57 页。
6.《新上海》，《警钟日报》1904 年 6 月 26 日。

上海城市转型

纵观开埠以来 170 多年的历史，上海大致经历了三次重大的城市转型。

19 世纪中期转型：以 1843 年开埠为标志

自宋代以来，上海商品贸易日趋繁盛，被称为“小杭州”。1264 年，南宋政府在此设立市舶司，管理对外贸易。明代中央政府实行海禁政策，对上海贸易及工商业造成严重伤害。康熙二十四年（1685 年）重开海禁之后，上海与广州、泉州、宁波并列为开放口岸，成为沿海贸易的重要中心。及至开埠前的 19 世纪上半叶，上海已是百货汇集、以埠际贸易为主的国内贸易大港，一座堪称“江海之通津，东南之都会”的江南县城。

尽管如此，直到 19 世纪中叶，上海并没有特别突出之处，在中国城市中的地位远不及江南的苏州、杭州。1843 年，全国人口数量位居前十名的城市依次是北京、苏州、广州、武汉、杭州、成都、福州、西安、南京、长沙。上海人口 20 多万，从全国来看，最多算中等城市。当时上海的商业贸易绝大部分还是国内埠际贸易，真正的国际贸易微乎其微，主要局限于日本及南洋（当时称西洋）一带。[7]

上海真正开始崛起是在 1843 年开埠之后。“上海之所以成为上海，之所以成为名震世界的大城市，其飞跃的发展，无疑是在 1843 年开埠之后。”[8] 开埠之后，上海从埠际贸易为主的区域性港口城市转型为外贸主导的国际性“互市巨埠”，在不到十年时间里，其外贸就超越广州，成为中国对外贸易的领头羊。据滨下武志、古田和子等学

7. 张仲礼《近代上海城市研究（1840—1949 年）》，上海人民出版社，2014 年，79 页。
8. 唐振常《近代上海繁华录》，商务印书馆国际有限公司，1993 年，9 页。

者的研究，在 19 世纪后半期，中国商人已成功建立起以上海为中心、覆盖东亚甚至整个亚洲的商业网络（即所谓“上海网络”）和“交易圈”。[9]1931 年，上海进出口贸易总值为 11.02 亿元，相当于广州港的 10 倍，超过全国外贸总值的一半，达 55.52%，奠定了上海在全国外贸中的支柱性地位。[10] 从 1864 年到 1948 年 80 余年中，上海历年对外出口贸易占全国的比重，基本保持在 50%左右，但也有一些年份竟高达 70% ~ 80%。[11]

开埠之后的上海主要以商业为中心，所谓因商而兴、以商立市。不过，在未经中国政府许可情况下，外国资本在上海开办起近代工厂。19 世纪 60 年代起，清政府举办洋务运动，又开设了江南制造局、上海织布局等规模较大的官办企业。1895 年甲午战争结束后，外资纷纷在华投资设厂，民族资本也积极投资工业，上海从商业都市转型为商业与工业并重的“工商都市”。据统计，1933 年上海工业总产值已达 11.18 亿元，几乎占当时全国工业总产值的一半。上海工厂的数目和工人人数也占全国半数以上，据 1947 年的一项报告，当年上海工厂总数为 7738 家，工人总数为 36.7 万余人，分别占全国总数的 54.9%和 53.8%。[12] 此后直到 1949 年，上海一直是中国工业最发达的地区，保持着中国工业中心的地位。

上海一度成为全国乃至远东金融中心。据统计，至 1937 年上海共有 54 家银行总行，128 家分支行，均居全国各大城市之首。中央、中国、交通、中国农民四家政府银行的总部都在上海，实收资本总额 1.675 亿元，在全国各地有 491 个分支机构；放款总额为 19.139 亿元，占全国各银行放款总额的 55.2%；存款总额为 26.764 亿元，占全国各银行存款总额的 58.8%。全国 73 家商业银行中有 36 家总行设于上海，实收资本总额达 6210 万元，占全国商业银行实收资本总额

9. 周武《上海学》，上海人民出版社，2015 年，4 页。
10. 周振华等《上海：城市嬗变及展望》（上），格致出版社，2010 年，138 页。
11. 张仲礼《近代上海城市研究（1840—1949 年）》，上海人民出版社，2014 年，95—96 页。
12. 周振华等《上海：城市嬗变及展望》（上），格致出版社，2010 年，72 页。

的 74.6%。上海 36 家商业银行在各地共有 278 个分支机构，占全国商业银行分支机构总数的 68.1%。另有 27 家外商银行，远远超过天津等口岸城市，也超过香港。国内 5 家跨地区的储蓄会（局）其总会、总局都设在上海；12 家信托公司有 10 家总公司设于上海；国内最著名的保险公司的总公司也大多设在上海。从纸币流通额来看，据 1935 年 11 月实施法币改革前的统计，上海各银行发行的钞票流通总额达 3.8 亿元，流通地域最广。从 20 世纪 30 年代初期开始，上海又成为全国最大的现银调剂中心和外汇市场。[13]

开埠之后上海远洋航运发展迅速，西及伦敦、利物浦，东至美国檀香山，北抵海参崴，南达澳大利亚甚至南美洲的里约热内卢。航程也随之迅速伸展。以上海到纽约计算为 12405 海里，航程增加 272%；到里约热内卢则为 14450 海里，航程增加 334%。[14]

20 世纪 30 年代，上海进入其历史上的黄金时期，成为与纽约、巴黎、伦敦、东京并驾齐驱的国际大都市。这时的上海被称为“西方的纽约”“东方的巴黎”。按照 1934 年世界大城市人口排名，前六名依次是伦敦（820 万）、纽约（693 万）、东京（531 万）、柏林（400 万）、芝加哥（337 万）和上海（335 万）。1935 年上海人口超过芝加哥排名第五，人们习惯上称上海为世界第六大都市或第五大都市（表 1.3）。

表 1.3 开埠后至新中国成立前上海城市多功能经济中心建设

多功能中心	时间	标志性事件
航运中心	1860 年	长江对外开放，北部沿海几个城市开放，长江航运业和北洋航运业迅速发展
	1872 年	轮船招商局成立，这是上海第一家中国资本的轮船公司
	19 世纪 70 年代	上海已形成远洋、长江、南部沿海等比较齐全的航线，成为中国与外部世界最大的物流通道
	20 世纪初	上海已形成内河、长江、沿海和外洋四大航运系统
	1931 年	上海港进出口船舶吨位已名列世界第七

13. 周振华等《上海：城市嬗变及展望》（上），格致出版社，2010 年，169 页。
14. 张仲礼《近代上海城市研究（1840—1949 年）》，上海人民出版社，2014 年，147 页。

续表

多功能中心	时间	标志性事件
外贸中心	19 世纪 50 年代	上海取代广州，成为中国外贸中心
	1860—1900 年	上海进出口总值平均占全国一半以上
外贸中心	20 世纪 20 至 30 年代	上海在全国的对外贸易和对内埠际贸易中处于特大中心地位，外贸在全国外贸总额占比达到 40% 左右
金融中心	1847 年	英国丽如银行等外资银行纷纷在上海设立分支机构
	1897 年	国人在上海开办第一家民族资本银行——中国通商银行，从事包括发行钞票在内的各种业务
	19 世纪末	上海银行数量位居全国之冠，在中国境内的中外银行总部大多集聚于此，功能齐全且融资量大
	20 世纪 20 年代	中国银行、中央银行、交通银行等一批重要的银行相继把总行迁到上海
交通与信息枢纽	1871 年	第一条国际水线从香港铺设到上海，上海到英国伦敦、日本长崎的海底电缆接通
	19 世纪 80 年代	上海北可以经日本与俄罗斯通报，南可经香港与欧美通报
	1884 年	中国电报总局从天津迁到上海
	1895 年	上海在国内的通报范围，北到北京，东北到山海关，西北到西安，西到汉口，西南到泸州，南到广州
工业中心	1860 年	外国人在上海设立了十多家工厂，其中有 14 家船舶修造厂
	1865 年、1889 年	江南制造局和机器织布局成立
	20 世纪 30 年代	上海工业已占据全国的半壁江山

资料来源：周振华、陶纪明等《上海战略研究：历史传承 时代方位》，格致出版社，2014 年，54 页。

1843 年开埠后，上海从县城、通商口岸，转变为综合性多功能经济中心城市，此为近代上海城市的第一次重大转型。

20 世纪中期转型：以 1949 年新中国成立为标志

1949 年后，随着国家政权的更迭，共产主义与资本主义意识形态的尖锐对立，冷战下敌对的东西方关系，以美国为首的西方阵营对新中国采取的敌视、封锁、禁运等措施，使上海与西方的正常交往无法再维持下去。[15]这时候党中央要求上海“无论公营或私营企业，都应设法摆脱对帝国主义经济的依赖，并应把为国内生产、为中国人民服务作为今后上海一切企业生产的方针与发展方向”。

上海与西方世界广泛而密切的联系阻断了。上海“逐渐纳入了整个中国的发展轨道”。经过 1949 年到 1956 年的社会主义改造，外资企业或撤走，或被接收、合并。随着瑞典维昌洋行于 1962 年 2 月结束在上海的业务，百余年来在上海经济生活中扮演过重要角色的西方企业消失了。[16]在上海具有外国背景的文化、教育、卫生机构，曾在上海的社会生活中产生过重要影响，同样无法在新的社会条件下继续存在下去。上海的国际移民，在数量上与国内移民相差甚远，但在近代上海城市发展史上仍占有重要地位。随着新中国的成立，大批外国人回国，而来沪的外国人很少，到 20 世纪 70 年代末，常住外国人剩下 700 余人，不到新中国成立之初的 3%。[17]

1949 年以前，上海是商工并重、商业为主的多功能经济中心。新中国成立后，由于执行以农业为基础、工业为主导的发展方针，以及国防战备的需要，上海由制造与消费并重的“工商都市”变成一个比较纯粹的“生产型城市”，工业成为这个城市最核心的价值所在。[18]上海变成了工业的上海。其中重工业发展又比轻工业更为突出。另外，上海还通过产品调拨以及提供人员、设备甚至整建制企业的输出方式大力支援内地工业建设。1957 年，在制定第二个五年计划时，上海将改造和发展工业的目标明确为把上海建成为全国发展新技术、制造新产品的一个工业基地。1963 年，上海根据党中央提出的“调整、巩固、充实、提高”的八字方针，提出把上海建设成为我国一个先进的工业基地和科学技术基地的目标（表 1.4）。

15. 熊月之、周武《上海：一座现代化都市的编年史》，上海书店出版社，2007 年，505 页。
16. 熊月之、周武《上海：一座现代化都市的编年史》，上海书店出版社，2007 年，506 页。
17. 骆克任、马振东《上海国际迁移变动分析》，《人口研究》，2000 年 5 期，55 页。
18. 周武《上海学》（第一辑），上海人民出版社，2015 年，15 页。

表 1.4 1949—1958 年间上海工业结构的变化情况比较

年份	重工业	轻工业	纺织工业
1949	13.6%	24.0%	62.4%
1950	15.7%	22.8%	61.5%
1951	23.3%	26.3%	50.4%
1952	22.9%	24.9%	52.2%
1953	25.5%	27.8%	46.7%
1954	26.4%	26.7%	46.9%
1955	28.7%	27.6%	43.7%
1956	32.7%	26.2%	41.1%
1957	36.5%	26.9%	36.6%
1958	45.6%	21.9%	32.5%

资料来源：上海市统计局《胜利十年：上海市经济和文化建设成就的统计资料》，上海人民出版社，1960 年，15 页。

1950 年，政务院颁布《关于统一国家财政经济工作的决定》，统一全国财政收支，统一全国物资调度，统一全国现金管理。1956 年，完成对资本主义工商业以及农业和个体手工业的“三大改造”，从此建立起高度集中的社会主义计划经济体制。1956 年，在上海市工业总产值中，国有工业占 32.2%，公私合营工业占 64%，合作社工业占 3.3%，私营工业（主要是个体手工业）占 0.5%。在全市社会商品零售总额中，国有经济占 23.3%，公私合营经济占 69.7%，合作社经济占 5.1%，私营经济（主要是个体商贩）只占 1.9%。[19]

新中国成立后，上海从一个国际大都市逐步转变为中国的一个大城市，从一个多功能的经济中心城市转变为工业和计划经济的城市。此为上海城市的第二次重大转型。

20 世纪后期转型：以 1978 年改革开放为肇端

1978 年改革开放后，上海从工业改造和振兴开始，逐渐转变为经

19. 当代上海研究所《当代上海历史图志》，上海人民出版社，2009 年，149 页。

济结构调整。上海不应仅作为中国最大的综合性工业基地，发挥其单一的经济功能，还应作为中国最大的经济中心和最重要的对外开放城市，发挥其多种经济功能的作用。

浦东开发开放后，1992 年，党的十四大报告指出：“以上海浦东开发开放为龙头，进一步开放长江沿岸城市，尽快把上海建成国际经济、金融、贸易中心之一，带动长江三角洲和整个流域地区经济的新飞跃。”

1996 年，国务院进一步明确上海国际航运中心发展的战略目标和任务，把经济、金融和贸易三个中心拓展为四个中心建设，上海从全国最大的工业基地转向全国最大的经济中心城市。

上海率先进行了高度集中的计划经济体制改革。20 世纪 80 年代扩大企业自主权，进行行政性公司改革，撤销行业性企业主管局，建立国有资产授权经营公司。90 年代构建国有资产管理新体制，深化国有企业改革，发展要素市场以及行业协会和市场中介组织。2000 年，上海基本建成社会主义市场经济体制（表 1.5）。

表 1.5 1990—2000 年上海要素市场体系建设大事记

时间	要素市场体系建设重要事件	意义及影响
1990 年 12 月	上海证券交易所成立	重新确立了上海在全国资本市场的地位，标志着中国证券市场迈出了从无到有的第一步
1992 年 1 月	上海短期资金调剂中心更名为“上海融资中心”	全国最大的同业拆借中心
1992 年 2—11 月	人民币特种股票——上海电真空 B 股在上交所上市。国内贸易部和上海市政府联合组建的上海金属交易所开始运转。发行股票认购证，后尝试储藏发行模式，实行网上“单一定价，竞价发售”的方法	上海第一家国家级期货市场。上海全国资本市场的中心地位初步确立，直接带动了银行、保险、信托等金融产业的发展
1992 年 11 月	上海市人才服务中心正式成立	上海率先实现从人才流动到建立固定人才市场的跨越

续表

时间	要素市场体系建设重要事件	意义及影响
1992 年 12 月—1993 年 12 月	上海先后成立煤炭交易所、农业生产数据交易所、化工交易所、石油交易所、粮油商品交易所、汽车交易市场和建筑材料交易所 7 家国家级大型商品市场，各类初级批发市场、区域级批发市场 203 个，国家级或引进期货制的批发市场、交易所 11 个	上海开始全面建设现代市场体系，上海商品市场体系形成
1993 年 12 月	上海技术交易所建成	全国第一家国家级常设技术市场，主要进行专利和技术的交易
1994 年 1 月	上海城乡产权交易所正式成立	上海第一家规范运作并与全国产权联网的产交所
1994 年 4 月	中国外汇交易中心在上海正式开业	上海成为中国市场汇率的生产地，外汇市场由地方分割走向全国统一
1994 年 10 月	建筑材料、石油、农资和化工四家交易所合并，成立上海商品交易所	
1996 年 3 月	在原上海城乡产权交易所基础上，成立新的上海产权交易所	发展成为上海全市法定的、统一的产权交易所
1996 年	上海黄金交易市场建立	推出个人实盘交易业务，极大丰富了上海市场体系
1996 年 4 月	上海外高桥保税区生产数据交易市场建立	全国最大的保税交易所市场
1996 年 11 月	上海航运交易所正式开业	中国第一个集市场交易管理、市场价格调节、市场信心沟通等功能于一体的国家级水运交易市场，标志着上海向国际航运中心发展迈出了实质性的第一步
1996 年 11 月	全国性资金拆借中心在上海正式挂牌运转	
1998 年 8 月	上海金属、商品、粮油期货交易所 3 家合并，组建上海期货交易所	交易所投资规模、品种数量、成交量和成交额、辐射范围、参市人数等领先于全国，期货发现功能广泛认可，其中铜的“上海价格”，已成为中国国内铜市场的权威报价和全球三大铜定价中心之一
1999 年 12 月	上海技术交易所改组为上海技术产权交易所	产权交易功能延伸至科技成果转化领域
2000 年 10 月	上海钻石交易所成立开张	中国唯一的国家级钻石交易所和钻石进出口交易平台

资料来源：周振华、陶纪明等《上海战略研究：历史传承 时代方位》，格致出版社，上海人民出版社，2014 年，99—100 页。

改革开放后，特别是 20 世纪 90 年代以来，上海再造通向世界和历史之桥，重新接续传统，融入世界，上海由此进入“再全球化”时代。其中的标志性事件，包括 1990 年 4 月浦东的开发开放、2001 年 10 月上海举办的 APEC 第九次领导人非正式会议、2010 年中国上海世博会，以及 2013 年 9 月中国上海自贸试验区设立。通过这些事件，上海不但成功重建了从商业到文化的全球网络，而且在重建过程中完成了一次历史性的转身。上海再度回归到世界的视线之内，成为全球瞩目的、最具活力的国际大都市之一（表 1.6）。[20]

表 1.6 20 世纪 80 年代以来上海城市定位表述的变迁

次序	时间	定位	来源文件
首次在国际层面设定上海城市定位	1986 年 10 月	太平洋西岸最大的经济贸易中心之一	国务院关于《上海城市总体规划方案》的批复意见
第 1 次修订，时隔 5 年	1991 年	社会主义现代化国际城市	《上海市国民经济和社会发展十年规划和第八个五年计划纲要》
第 2 次修订，时隔 1 年	1993 年 4 月	远东地区经济、金融、贸易中心之一	国务院 1993 年度《政府工作报告》
第 3 次修订，时隔 1 年	1992 年 5 月	远东地区经济、金融、贸易中心之一和现代化国际城市	《浦东新区国民经济和社会发展十年规划和“八五”计划纲要》
第 4 次修订，时隔 5 月	1992 年 10 月	国际经济、金融、贸易中心之一	“中共十四大报告”
第 5 次修订，时隔 4 年	1996 年	国际经济、金融、贸易中心之一和国际经济中心城市	《上海国民经济和社会发展“九五”计划与 2010 年远景目标纲要》
第 6 次修订，时隔 5 年	2001 年	国际经济、金融、贸易、航运中心之一和社会主义现代化国际大都市	《上海市国民经济和社会发展第十个五年计划纲要》

资料来源：屠启宇《谋划中国的世界城市：面向 21 世纪中叶的上海发展战略研究》，上海三联书店，2008 年，63—64 页。

20. 周武《上海学》，上海人民出版社，2015 年，4 页。

以 1978 年改革开放为肇端，上海从功能单一的生产型城市、计划经济城市和一个中国城市转型为开放的市场经济和多功能的经济中心城市以及国际大都市和全球城市。

三次城市转型，前后相继，每一次都从根本上重塑了上海，再造了上海。[21] 历史上曾经达到的高度和地位，在改革开放实践中累积的成功经验和创新制度，以及在这一过程中上海所累积的巨大的城市能量和无远弗届的吸纳与辐射能力，注定上海在更高的起点、标准和层次上续写上海城市转型历史新的传奇。[22]

21. 周武《边缘缔造中心：历史视域中的上海与江南》，上海人民出版社，2019 年，25 页。
22. 周武《上海学》，上海人民出版社，2015 年，24 页。

战略大讨论

改革开放之后，上海的发展特点是每到关键问题、关键时刻，就会进行城市发展战略的大讨论，提出新的战略目标定位及形成比较清晰的发展思路，并将其体现或落实在上海城市总体规划、经济社会发展五年规划中，以统领一个阶段的各项工作，保证重大举措及政策实施的连续性和综合性。这种战略思考转化为战略行动，已成为推动上海经济社会发展的一个优良传统，并形成鲜明的上海特色。[23]

20 世纪 80 年代中期战略大讨论

早在 1978 年，上海就拉开了经济发展战略讨论的序幕。为此上海市政府经济委员会组织了一大批大专院校的教师、社科院的科研人员以及政府部门的干部，深入基层企业进行广泛的调查研究。战略讨论的核心是上海工业的改造和振兴，时间持续三年多。

1981 年，时任上海社科院部门经济研究所副所长陈敏之承担“上海经济发展战略研究”课题。该课题的研究引起了上海市政府以至中央的高度重视。在展开课题研究的同时，举办了由上海社科院发起，由上海市计委、市经委和市委研究室等单位联合组织的“上海经济双周座谈会”，把上海经济发展战略的研究推向了新的高潮。研究从单纯工业技术改造的讨论推向经济结构问题的研究。研究报告认为，上海的经济结构和上海的工业结构一样，是陈旧和落后的。上海的问题是今后仍然作为中国最大的综合性工业基地，发挥其单一的功能，还是作为中国最大的经济中心，发挥其多种功能的问题。为了适应今后

23. 周振华、洪民荣《上海改革开放 40 年大事研究》（卷二），格致出版社，2018 年，259 页。

形势发展的需要，上海应作为中国最大的经济中心和最重要的对外开放城市，在以下领域发挥其应有的作用：第一，在国内外贸易中，应当成为中国最大的贸易中心；第二，随着贸易中心的形成，应当逐步相应地形成金融中心；第三，应当成为提供各种专业人才的中心；第四，应当大力发展为生产、流通、消费提供服务的各种事业，如技术、信息服务等。

1984 年 9 月，中央委派由宋平和马洪率领的上海经济发展调查组，进行了为期半个月的调查研究。在此基础上，邀集了国务院有关部委负责同志以及全国各地的专家学者，召开了近百人参加的“上海经济发展战略战役研讨会”。这次研讨会以后，上海市委、市政府和国务院调研组一起，综合分析了各部门在调研基础上形成的汇报材料，汇总了与会专家学者的建议，形成了上海市人民政府向国务院提交的《关于上海经济发展战略汇报提纲》。

《汇报提纲》指出，30 多年来，上海为促进全国经济的发展做出了很大的贡献，但由于过分强调发挥工业生产基地的作用，而忽视了其他多种功能的发挥，如今作为老工业基地，装备陈旧，技术老化，城市基础设施严重落后，环境日益恶化。为此，提出“成为中国四个现代化的开路先锋”“充分发挥对外开放和多功能中心城市的作用”的发展目标，并确定了上海经济发展战略的“6 条方针”，即：对国内国外同样开放，起沟通内外的桥梁作用；广泛采用先进技术，有重点地加快改造传统工业；逆向发展新技术，开拓新兴工业；发展第三产业，为全国服务；逐步改造老市区与积极建设新市区相结合；社会主义物质文明建设与精神文明建设相结合。

1985 年 2 月，国务院在正式批转的《关于上海经济发展战略的汇报纲领》中明确指出，上海在中国经济建设中占有举足轻重的地位。它是中国最重要的工业基地之一，也是全国最大的港口、贸易中心、科技中心和重要的金融中心、信息中心。在新的历史条件下，上海“要走改造、振兴的新路子，充分发挥中心城市多功能的作用”，要“充分利用对内对外开放的有利条件，发挥相对优势，引进和采用先进技术，改造传统工业，振兴新兴工业，发展第三产业，逐步改善基础设施和投资环境”，使上海成为全国四个现代化建设的“开路先锋”，“力争到本世纪末把上海建设成为开放型、多功能、产业结构合理、科学技术先进、具有高度文明的社会主义现代化城市”。上海“还应成为利用外资、引进外技的主要门户，以及消化吸收后向内地转移先进技术和管理方法的桥梁；成为全国的商品集散地和最重要的外贸口岸，成为全国最重要的金融市场和经济技术信息中心；成为面向全国培训技术人员、经营管理人员、高级技工的培训中心”。同时指出“改造、振兴上海不仅是上海市的大事，也是关系我国四个现代化建设的大事，国家应给予上海必要的支持，各地区和各有关部门也要积极给予支持和帮助”。

《汇报提纲》是上海制定的第一个城市发展战略规划，为上海这座城市转变功能、发展外向型经济指明了方向。在 1985—1988 年间，国务院在财税、外资外贸外汇、土地改革等方面给予上海一定的支持和倾斜，上海大力开展企业技术改造、开拓新兴工业和发展第三产业，一系列大型骨干工程建设全面展开，从而实质性地启动了上海的转型与振兴。1986—1988 年的三年中，上海保持了国民经济的稳定增长，对外开放取得较大进展，出口走出连年下降的低谷，转为逐年上升；城市基础设施建设有所加强；市民生活收入增长较快。但这一时期能源、原材料供应紧张、财政困难、资金供求矛盾、城市建设中的突出矛盾依然制约着上海经济和社会发展。[24] 对于“上海经济发展战略”的作用，黄菊在 1994 年担任上海市市长时曾经有过一段评论：“这个发展战略是上海改造和振兴的纲领性文件。近十年来，上海在开发新区、改造旧城、外引内联、调整结构、展开布局、大力发展第三产业、加快重大基础设施建设等方面，都是在这个发展战略指导下进行的，都是这几个战略蓝图的具体实践。”[25]

24. 周振华、洪民荣《上海改革开放 40 年大事研究》（卷五），格致出版社，2018 年，10 页。
25. 中共上海市委改革办《东方潮：上海改革开放标志性首创案例选（1978—2018）》，上海人民出版社，2018 年，26 页。

20 世纪 90 年代中期战略大讨论

20 世纪 90 年代中期，上海城市发展战略讨论的核心是上海怎样崛起为一个国际中心城市。

从 1993 年下半年开始，在上海市委、市政府的领导下，上海组织数百位专家学者和实际工作部门的业务骨干，开展了上海迈向 21 世纪经济、社会发展战略的研究。参与发展战略研究的不仅有上海的专家、学者和实际部门工作的人员，还有国务院有关部委办领导和国内著名学者；不仅有国内各方面的研究力量，还有国外著名咨询研究机构、专家学者和企业家；不仅有经济方面的专家学者，还有历史、地理、人文、环境、自然科学方面的专家。

在为期一年的发展战略研究过程中，先后召开过 50 多次规模大小、层次高低不同的研讨会，特别是 1994 年，先后两次召开国内和国际“迈向 21 世纪的上海”发展战略大型研讨会。另外组织多个考察团赴国外考察，深度研究了纽约、伦敦、东京等国际经济中心城市。最后形成了包括 1 份《迈向 21 世纪的上海》经济社会发展战略总报告、40 份分报告和专题报告在内的数百万字的研究成果。[26]

在《迈向 21 世纪的上海——1996—2000 年上海经济社会发展战略》研究报告中，提出“到 2010 年，上海基本建成国际经济、金融、贸易中心，初步确立国际经济中心城市的地位。此后，再用 10 年或更长一段时间，建成国际经济、金融、贸易中心，并跻身于世界级的国际经济中心城市行列”的发展目标。

1996 年通过的《上海市国民经济和社会发展九五计划与 2010 年远景目标纲要》，全面吸收了《迈向 21 世纪的上海》的研究成果，提出新的城市奋斗目标是到 2010 年，为把上海建成国际经济、金融、贸易中心奠定基础，初步确立上海国际经济中心城市的地位。

26. 周振华、洪民荣《上海改革开放 40 年大事研究系列》（卷二），格致出版社，2018 年，110 页。

2014 年大讨论

2013 年年底，上海市委、市政府决策开展新一轮大规模的城市发展战略研究，即“面向未来 30 年的上海”发展战略研究。发展战略研究采取了综合性与专题性相结合、国内与国际相结合的研究方式。委托世界银行和和国务院发展研究中心分别承担国际版和国内版的总体战略研究，委托中央国家部委研究机构和首都高校开展战略环境研究，委托上海本地机构开展总体战略平行研究。

2014 年 4—5 月，上海市政府发展研究中心通过公开招投标方式，最后确定包括中央部委、上海、江浙地区和香港等 76 所知名院校和机构，共 81 个研究团队承担 43 个专题研究任务。

上海在组织“面向未来 30 年的上海”发展战略研究中，2014—2016 年，结合联合国“世界城市日”活动，与世界银行共同成功举办了三届“全球城市论坛”。另外，围绕未来大都市空间战略、城市规模、产业与竞争力、交通与出行、新型城镇化、城市发展目标、社区与宜居城市、城市更新、文化与风貌、城市安全与风险应对、信息化与智慧城市等影响上海未来发展的重大问题，在 2014 年 6—8 月，举办了系列研讨会。

其他城市发展战略大讨论

在其他城市发展战略讨论中，比较重要的是浦东的开发开放和世博会。

1980 年，有学者提出在浦东地区建设新市区的建议，引起了浦东开发的研究热潮。1984 年 9 月，国务院改造振兴上海调研组和上海市政府联合起草的《关于上海经济发展战略的汇报提纲》中提出开发浦东问题。1985 年国务院《关于上海经济发展战略的汇报提纲》中指出：“上海的城市和工业布局，也要适应经济发展的需要。重点是向杭州湾和长江口南北两翼展开，创造条件开发浦东，筹划新市区的建设。”

1986 年春，在上海市政府的支持下，上海市城市经济学会、上海市人民政府经济研究中心等 10 家单位，联合发起召开了两次“上海城市发展战略研讨会”。1986 年 10 月，国务院正式批复《上海市城市总体规划方案》，要求“当前，特别要注意有计划地建设和改造浦东地区。要尽快修建黄浦江大桥及隧道等工程，在浦东发展金融、贸易、科技、文教和商业服务设施，建设新居住区，使浦东新区成为现代化新区”。

为了落实国务院重要批示精神，1987 年 6 月，上海市人民政府决定成立由中外专家参加的“开发浦东联合咨询研究小组”，完成《浦东新区规划纲要（草案）》。1988 年 5 月，上海市人民政府在上海西郊宾馆召开了“上海市浦东新区开发国际研讨会”，140 多位专家学者与会。

1990 年 2 月，时任国家计委主任邹家华率国家有关部门负责人前来上海现场办公。上海市委、市政府向中央提交了《关于开发浦东的报告》。3 月，时任中共中央政治局常委、国务院副总理姚依林受时任中共中央总书记江泽民和国务院总理李鹏委托，率国务院特区办、国家计委、财政部等部门负责同志来上海，对浦东开发开放问题作专题调研和论证，并向党中央国务院呈送《关于上海浦东开发的几个问题的汇报提纲》。

1990 年 5 月，上海市委、市政府正式向中共中央国务院上报《关于开发浦东、开放浦东的请示》。6 月，得到中共中央、国务院正式批复。同时指出，开发和开放浦东是深化改革、进一步实行对外开放的重大部署，必将对上海和全国的政治稳定与经济发展产生极其重要的影响。

2002 年 12 月，上海获得 2010 年世博会举办权。2003 年，上海充分利用筹办世博会的重要契机，围绕八个题目开展历时半年多的“世博会与上海新一轮发展”大讨论。上海市委成立了领导小组，下设工作组，市委研究室、市政府研究室、市计委、市财政局、市政府发展研究中心等部门参与。讨论的各大主题都由具体部门负责：上海市委宣传部、上海市精神文明建设委员会负责“发扬申博精神与塑造上海城市精神”；上海市人大城市建设与环境保护委员会负责“世博会与推动上海城市发展”；上海市发展计划委员会负责“世博会与推动上海产业发展”；上海市社会科学界联合会负责“世博会与推动上海社会发展”；市政协经济委员会负责“世博会与服务全国、推动长江三角洲一体化发展”。这次大讨论，参与部门、人员之广，在过去任何讨论中都是鲜有的。“从政府决策部门，到街道居委会；从高官显要到黎民百姓；从翩翩学者到普通职员；从白发老翁到稚嫩少年……”[27]最终形成了 A、B、C、D 四个方案和七个行动纲要。

在 2003 年的迎世博大讨论中，上海城市发展实现重大战略理念转变，那就是必须跳出空间狭小的中心城区，在 6300 平方公里的土地上实现建设国际大都市的理想。

改革开放以来，上海经历了多轮城市发展战略大讨论，不断明确新时期上海城市的发展目标、战略定位。每一次战略大讨论，都建立在对前一阶段战略的反思与继承之上，对国内外环境变化的科学判断基础之上，对上海在国家战略中的地位和自身现状的认识之上，对城市发展新理念、新思想的把握之上，从而有力地指导了上海城市发展。

27. 当代上海研究所《世博会与上海新一轮发展——大讨论纪实》，上海人民出版社，2003 年，2 页。

先行先试

近代上海开风气之先

作为通商口岸、港埠城市，上海与世界文化交流、贸易往来频繁。西方的新观念、新思想、新文化、新科技等大都通过上海引进中国，从而影响到中国现代化的发展。近代意义上的公用事业电气、自来水、煤气、柏油马路都是从上海租界开始的。近代公司制度、近代保险、近代银行金融制度都率先在上海出现并在全中国逐渐发展成长。

1845—1943 年，上海租界历经百年。租界和租界制度，是鸦片战争后外国列强利用不平等条约肆意扩大在华特权的产物，是列强在通商口岸辟设外商居留地基础上，通过不断侵夺中国政府的主权，建立于中国政权体系之外的行政区划和管理机构，制订并实施有关租地、税收、司法、警务、城市管理等一系列规章过程中形成的。[28]

在租界辟设之后，西人将其母国的市政建设经验带到上海，开始着手界内的市政建设。此后，一系列迥异于传统中国城市的市政设施诸如道路、煤气灯、自来水、电灯、电话、公园、公厕等次第创建和发展起来，并逐渐形成了一整套卓有成效的市政管理体制。在租界近代市政设施和市政管理的强烈刺激下，华界亦开始仿租界之式创办自己的近代市政。[29] 因此，直到 20 世纪 30 年代，上海的市政建设和规划管理是与国际接轨的，可与当时世界上任何一个大都市媲美。[30]

由于上海“不仅接触西方文化早、吸纳快、把握也较为全面”，因此始终在近代中国发挥着模范、引领作用，创造了诸多第一。以至于 1953 年美国地理学家兼历史学家罗兹・墨菲（Rhoads

28. 戴春《社会融入：上海国际化社区建构》，中国电力出版社，2007 年，30 页。
29. 熊月之、周武《上海：一座现代化都市的编年史》，上海书店出版社，2007 年，80 页。
30. 戴春《社会融入：上海国际化社区建构》，中国电力出版社，2007 年，31 页。

Murphey）在他撰写的一本研究上海的经典著作中提出，上海是“现代中国的缩影”，提供了“那用以说明现代中国已经发生和即将发生的新事物的钥匙”。

工业上海：从生产到科技的创新引领

新中国成立后，上海由制造与消费并重的“工商都市”变成一个比较纯粹的“生产型城市”，或“工业上海”。由于具有较好的工业基础与技术优势，上海工业总产值 1949—1977 年在全国的占比，多数年份接近 20%的份额。就上海工业利润增长而言，1952—1977 年增长幅度在全国占比约 25%，显示出上海工业生产在全国的领先地位。[31] 上海还提出要以科技进步来推动工业发展，建设全国先进的工业和科学技术基地，工业生产有计划、有重点地向“高级、精密、尖端”方向发展，赶超世界先进水平（表 1.7）。通过制定具有前瞻性、超前性和引领性的科技发展规划，在当时世界主要的新兴科技领域里都取得了突破性进展，并将高新技术广泛应用于工业生产建设之中，推动了整个工业的升级换代。甚至有些超过了当时的世界先进水平。[32]

表 1.7 1949—1965 年上海工业产值及指数

年份	工业总产值（亿元）			工业总产值指数（1952 年为 100）		
	总产值	轻工业	重工业	总指数	轻工业	重工业
1949	34.34	30.31	4.03	51.5	57.4	29.2
1952	66.60	52.81	13.79	100.0	100.0	100.0
1957	118.82	84.36	34.46	197.1	171.1	295.6
1958	176.44	110.34	66.10	295.7	225.9	573.2

31. 方书生《上海的创新引领：从老工业基地迈向全球城市（1949—2019）》，上海人民出版社，2019 年，28 页。
32. 俞克明《上海城市的发展与转型》，上海书店出版社，2009 年，413 页。

续表

年份	工业总产值（亿元）			工业总产值指数（1952 年为 100）		
	总产值	轻工业	重工业	总指数	轻工业	重工业
1959	254.68	141.70	112.98	428.9	291.0	986.2
1960	298.97	134.49	164.48	515.9	275.9	1 498.3
1961	187.43	96.97	90.46	315.9	199.5	788.9
1962	151.98	90.68	61.30	249.9	182.2	521.2
1965	230.77	129.56	101.21	419.2	290.5	938.2

资料来源：上海市统计局、国家统计局上海调查总队《光辉的六十载：上海历史统计资料汇编（1949—2009）》，276—277 页。

改革开放“排头兵”和“先行者”

改革开放之初，中央领导提出“使上海成为全国四个现代化建设的开路先锋”。上海开创了新时期得风气之先的众多第一：第一个国有资产管理委员会、新中国第一家证券交易所、发行第一只股票、第一家期货交易所、第一家航运交易所、第一块批租转让土地改造旧区、第一个再就业服务中心。浦东新区建立了中国第一个保税区、第一家中外合资百货零售企业、第一家外资银行经营人民币业务、第一家中外合资外贸公司、第一家外资保险公司等（表 1.8）。

表 1.8 20 世纪 80 年代上海市场体系建设重要事件及影响

时间	重要事件	意义及影响
1979 年	上海房地产市场启动	商品房交易开启
1981 年	上海成立了国内第一个外汇交易市场	开启了我国外汇交易的新时代
1984 年 9 月	上海第一个个体服装市场在华亭路诞生	极大丰富了上海市民的生活
1984 年 3 月	上海率先试办了人才市场，设立了上海市人才交流服务处和上海市人才银行	为上海城市发展储备了重要的人力资本

续表

时间	重要事件	意义及影响
1986 年	上海试办了全市第一个劳动力市场	迈出了劳动力市场化要素定价的第一步
1987 年	上海制定了《上海市土地使用权有偿转让办法》	土地改革制度新探索
1988 年	人民路开设各种生产资料商店	为小企业生产经营提供了便利
1990 年 12 月	上海证券交易所成立	重新确立上海在全国资本市场的地位，标志着中国证券市场迈出了从无到有的第一步

资料来源：肖林、周国平《卓越的全球城市：不确定未来中的战略与治理》（上卷·战略环境），格致出版社、上海人民出版社，2017 年，132 页。

2005 年，国务院批准浦东进行综合配套改革试点，要求浦东深入推进企业、市场、社会、政府的四位一体的改革，着力改变政府职能、着力改变经济运行方式、着力改变城乡二元经济与社会结构，率先建立起完善的社会主义市场经济体制，为推动全国改革起示范作用。

上海市人民政府《上海浦东综合改革试验区综合框架方案》提出了七项改革任务：一、推动政府转型，探索公共服务型政府体制和机制。重点是把政府职能转到经济调节、市场监管、社会管理和公共服务上来。二、加快发展各类要素市场，积极推动金融创新。重点是增强浦东要素市场的集聚度，提高金融服务功能，更大程度地发挥市场配置资源的作用。三、加快社会领域改革探索，促进经济社会协调发展。重点推进教育、文化、卫生领域的改革，全面提升保障和服务水平，探索一套符合我国国情的制度体系。四、率先消除城乡二元制度障碍，推进城乡一体化发展。重点是消除城乡分割的制度障碍，走新型工业化道路，加快形成以人为本的城乡经济社会共同发展机制。五、大力发展混合所有制经济，增强微观经济主体活力。重点是探索混合所有制的实现形式，增强企业的活力和竞争力。六、加快科技体制改革，增强创新能力。着眼于提升国际竞争力，形成有利于创新的制度和体制环境，以推动产业升级和结构优化。七、扩大对外开放，形成与国际惯例靠拢的市场运行环境。坚持请进来和走出去并举，充分发挥“两种资源、两个市场”的作用，增强国际竞争力。

国家发改委提出三项改革：一、大力培育和发展中介组织，提高经济活动的社会组织化活动。二、探索建立人力资本优化积累机制，创造人才强国的制度环境。三、建立科学的调节机制，完善与经济社会发展水平相适应的现代社会收入与保障体系。2015 年，国家发改委印发《关于进一步做好国家综合改革配套试验区工作的意见》，要求浦东等综合配套改革试验区加快完善现代产权制度，激发市场主体活力，健全技术创新激励机制，创新投融资体制，推进高水平对外开放。

十多年来，浦东综合配套改革按照国务院批复方案的要求，先后完成几轮综合改革三年行动计划，在一些重点领域和关键环节取得了突破，积累了一些可复制、可推广的经验。

党的十八大之后，中央又明确要求上海当好改革开放“排头兵”和创新发展“先行者”，把许多国家改革试点放在上海。

2013 年 3 月，李克强总理在上海调研，在视察外高桥保税区时提出，建立自由贸易区，来进一步扩大开放，推动开放型体制和机制的建立。上海和中央有关部门沟通后，于 6 月向中央提交总体方案，国务院迅速批准了这个方案。2013 年 9 月 29 日中国（上海）自由贸易试验区正式挂牌成立，其目标是适应全球化，在投资领域的高度开放、国际贸易的转型升级、金融领域的开放创新、政府管理的依法高效、海关监管的“境内关外”等方面构建对标国际的制度安排。

2015 年 4 月，国务院颁布《进一步深化中国（上海）自由贸易试验区改革开放方案》，决定在原来试点基础上，进一步扩大试点区域，涵盖上海外高桥保税区、上海外高桥保税物流园区、洋山保税港区、上海浦东机场综合保税区以及陆家嘴金融片区、金桥开发片区、张江高科技片区，将上海自贸区的空间范围拓展至 120.72 平方公里。以“开放度最高的投资贸易便利、货币兑换自由、监管高效便捷、法制环境规范的自由贸易园区”为发展目标，上海自贸区“继续积极大胆闯、大胆试、自主管”，深化完善以负面清单管理为核心的投资管理制度、以贸易便利化为重点的贸易监管制度、以政府职能转变为核心的事中事后监管制度，形成与国际投资贸易通行规则相衔接的制度创新体系，充分发挥金融贸易、先进制造、科技创新等重点功能承载区的辐射带动作用（表 1.9）。

表 1.9 上海自贸试验区改革措施推进计划

功能定位	改革措施
贸易便利化	海关推出 19 项改革措施，包括“先进区、后报关”、“分送集报、自行运输”、自动审放、自主保税、联网监管、优化查验、集中汇总纳税、保税展示交易等
	出入境检验检疫局推出 23 项改革措施，包括预检验、第三方检验结果采信、全球维修业务监管等
	海关和出入境检验检疫局实施了“一次申报、一次查验、一次放行”
	国际贸易“单一窗口”
投资自由化	制定首份负面清单，2014 年负面清单特别管理措施由原来的 190 项改为 139 项
	创新事项登记制度，包括注册资本认缴制、先照后证等
金融国际化	启动自由贸易账户，开展跨境资金划拨和贸易融资活动等
监管综合化	健全社会信用体系，建立公共信用信息子平台
	建立企业年度报告公示和经营异常名录制度
	健全信息共享和综合执法制度
	建立社会力量参与市场监督制度，发挥行业协会和专业机构作用，设立仲裁院

资料来源：周振华、洪民荣《上海改革开放 40 年大事研究》（卷五），格致出版社，2018 年，63 页。

2017 年 3 月，国务院批准《全面深化中国（上海）自由贸易试验区改革开放方案》，确定了未来三年上海自由贸易试验区进一步改革的方向。提出对照国际最高标准、查找短板弱项、加强改革系统集成，力争取得更多可复制可推广的制度创新成果。根据《方案》，上海自贸试验区确立了"三区一堡"的新的目标：建设改革和创新融为一体的综合改革试验区、开放型经济体系的风险压力测试区、提升政府治理能力的先行区，服务国家"一带一路"建设和推动市场主体走出去的"桥头堡"。

中国（上海）自贸试验区成立以来，在投资管理、贸易监管、金融创新、政府职能转变四个方面均取得重大突破。[33] 在投资管理制度方面，实施了负面清单为核心的投资管理模式，提升了自贸区的开放度和自由度。在贸易监管制度方面，实行了国际贸易"单一窗口"制度、货物状态分类监管制度，海关、检验检疫联动实施"一次申报、一次查验、一次放行"监管试点。在金融创新制度方面，开立了自由贸易账户，实行了跨境人民币双向资金池试点，建立了"反洗钱、反恐怖融资、反逃税"的监管机制和跨境资金监测机制。在政府职能转变方面，创新事中事后监管，建立外资安全审查制度，形成反垄断审查联席会议制度，建立企业年报公示和经营异常名录制度。

内生动力与国家利益

上海具有内生的率先改革的迫切要求及其条件。一方面，上海经济社会较发达，发展水平高，往往比其他地区率先进入新的发展阶段，会更早遇到一系列发展中的新变化、新问题、新挑战、新机遇。上海与全球的连接更广泛和密集，经济具有高度的外向性和开放性，要求上海参照国际标杆，与国际通行规则接轨。另一方面，改革开放的先行先试，给上海发展带来更多选择机会和更大选择空间，使上海能更多获得改革开放红利的先发效应，也能给予上海改革开放红利不断累积和放大的"马太效应"，更能使上海具有更大的创新活力，迅速提

33. 陈建华《浦东开发开放效应与深化》，上海人民出版社，2019 年，106 页。

升创新能力[34]，从而使上海在国家发展中始终保持领先的地位。因此，即使上海在 20 世纪 80 年代充当我国改革开放的“后卫”，也积极争取进行一些重大、超前性的改革。

相对来说，上海具有改革先行先试的基础和条件，是一块比较好的改革“试验田”。上海较雄厚的经济社会实力基础，“具有一定的支付深层次利益调整较大成本的能力”。作为国际大都市，具有宽阔的全球视野、前瞻性的战略高度、对新事物的敏锐眼光，并善于学习和汲取别人的长处和经验。在先行先试中，上海积累了丰富经验。

上海先行先试，不仅关系上海发展，也是为全国其他地区率先开辟出一条新路，提供重要的经验借鉴。由于上海在全国经济中具有举足轻重的地位，在改革开放中一旦形成新的重大突破，其释放出来的潜能和能量更大，创造的效果更为显著，发挥的作用更加突出，产生的影响更为深远。[35]因此中央总是把很多重大试验放在上海，而上海也总是能够不辜负中央的信任。

34. 周振华《上海改革开放 40 年大事研究》（卷一），格致出版社，2018 年，292 页。
35. 周振华《上海改革开放 40 年大事研究》（卷一），格致出版社，2018 年，4 页。

第 2 章
城市经济

经济所有制

国有企业

上海国有企业，是从1949年没收官僚资本开始的。政府先后接管没收了157家官僚资本工厂，掌握了占全市41%左右的纱锭、1/3的机器制造设备、1/5的钢铁冶炼设备和小部分轻工业设备，10多个交通机构，40多家银行，10个贸易单位，50多处房产等[1]。另外，大量民族资本经过利用、限制、联营，1953—1956年全行业公私合营，转型为国有企业。外国资本经过清理、征用等方式，也成为国有经济的一部分。还有一部分国有企业是政府历年投入积累形成的。新中国成立以来，国家在上海的工业上投入十分庞大，从而使上海成为我国国有企业最为集中的地区。

1978年年底，上海全市共有工业企业7962家，其中国有企业3372家，集体企业4590家，没有其他经济成分。上海GDP中，国有经济比重高达90%以上。1991年，上海全市共有国有大中型企业937家，占全市工业企业总数的7.1%、全市工业企业总产值的62.4%、实现利税的73.1%、上缴利税的77.3%、固定资产原值的77.2%。[2]

由于受计划经济体制束缚，上海的国有经济面临着政企不分、机制不活、负债高、冗员多、包袱重、效益低的问题。20世纪80年代，上海先后试行国企利润提成制度、利改税、厂长负责制，以及在大中型国企实行承包经营责任制，在小型国企实行租赁经营责任制，还进行了股份制改革。

20世纪90年代，上海市试点建立“产权清晰、权责明确、政企分开、管理科学”的现代企业制度，并将纺织工业局、仪电电讯工业局、

1.《中国资本主义工商业的社会主义改造》（上海卷），中共党史出版社，1993年，1455页。
2. 徐建刚《上海经济体制改革》，上海人民出版社，2004年，75页。

机电工业局等大部分行业主管局改制为国有资产控股公司或企业集团。实行“抓大放小”，对国有企业实施战略性改组。

进入 21 世纪，上海推进现代产权制度改革和国有资产管理体制改革。2003 年，成立国资委，以国资委直接作为国有控股公司的国有出资人，变国有资产授权经营为国有股权经营，分类推进改革并构建新的控股公司，实现了国有资产从非核心产业退出和国有企业主业整合。2008 年起，上海市人民政府出台《关于进一步推进上海国资国企改革发展的若干意见》，提出要进行开放性、市场化联合重组，提高资产证券化比率。2013 年，上海市人民政府发布《关于进一步深化上海国资改革促进企业发展的若干意见》（简称国企改革 20 条），对国有企业不同功能进行分类。2014 年，上海提出发展混合所有制，实行国企新一轮改革。

总体而言，改革开放以来，上海的国有企业规模不断收缩，所占经济比重下降，但在整座城市的经济与社会发展中，国有经济仍然发挥着主导和控制作用，且各类资本相互渗透，实现形式愈加多元化。

外资企业

外资企业在上海开埠后出现，1895 年甲午战争后发展壮大（表 2.1）。

表 2.1 1882—1931 年上海外资企业发展情况

年份	外籍企业数	外侨人数
1882	440	4894
1892	579	9945
1902	1189	18962
1912	2328	144754
1922	7021	282691
1931	10889	370393

资料来源：《20 世纪五六十年代上海外资企业的改造历程》，东方出版社，2017 年，18 页。

新中国成立后，通过监督和利用，军管、征用、代管、转让以及改造，外资企业成为国有企业的一部分。

随着中国的对外开放，上海外资经济逐步发展起来。1980 年 7 月，上海第一家中外合资企业——中国迅达电梯有限公司成立。不过，20 世纪 80 年代上半期，引入外资企业数量比较少，至 1985 年底共有中外合资企业 97 个、中外合资经营项目 61 个、外商独资企业 6 个。

1984 年，中央决定进一步开放包括上海在内的 14 个沿海城市，上海引进外资步伐加快。到 80 年代末期，外商来上海开办的合资、合作和独资企业共有 910 家。

从 20 世纪 90 年代浦东开发开放起，上海积极引进外资企业，在重点产业领域布局。十年间，浦东引进了外商投资项目 5907 个，总投资 294 亿美元，合同外资 112.56 亿美元，分别是 1990 年以前的 347 倍和 418 倍[3]（表 2.2）。

表 2.2 改革开放后上海浦东历年批准项目数、投资总额、合同投资额（截至 1999 年）

年份	项目数	总投资额（亿美元）	合同外资额（亿美元）
1990 前	17	2.74	0.33
1990	28	0.50	0.15
1991	92	2.36	0.76
1992	567	28.00	3.53
1993	924	31.86	9.59
1994	1035	38.10	12.49
1995	838	38.87	13.65
1996	802	47.22	18.09
1997	615	45.85	18.00
1998	554	34.74	27.90
1999	470	19.33	10.73
合计	5472	294.43	115.68

资料来源：《浦东外商投资报告》（历年）。

3. 周振华、洪民荣《上海改革开放 40 年大事研究》（卷六），格致出版社，2018 年，113 页。

截至 2015 年，上海外商投资运营企业约 3.8 万家，其全年工业总产值 18953 亿元，占全市工业总产值的 61%；其进出口总额 2929 亿美元，占全市进出口总额的 64.9%。在上海工业、第三产业税收百强企业中，外商投资企业分别有 66 家和 45 家，实现税收 1076 亿元，占百强企业税收总额的 32.4%。[4]

外资经济已成为上海经济发展的重要力量，促进了上海经济结构的调整，推动了支柱产业和高新技术产业的发展，扩大了外贸出口，加快了城市基础设施建设以及国有企业改革和社会主义市场经济体制的建立，在保持上海国民经济持续稳定增长中发挥了重要作用。

私营企业

新中国成立初期，刚建立起来的国有经济比重很小，私营经济占绝大比重。在 1950 年的国内生产总值中，国有经济占 30%、私营经济占 70%。1956 年资本主义工商业社会主义改造完成以后，国有经济和合作经济的比重达到 97.6%，私营经济的比重下降到 2.4%。到 1978 年，国有经济和集体经济的比重达到 99%，私营（个体）经济只有 1%。[5]

从 20 世纪 80 年代起，上海从发展个体经济入手，发展私营经济。1981 年，市政府颁布了《关于本市适当发展城镇个体经济的意见》。1982 年，发布《关于扶持城镇个体经济的若干规定》。1987 年以后，又允许发展私营企业。1988 年，上海私营企业登记开始。1990 年，全市个体工商户发展到 10.9 万户，从业人员达 16.12 万人；私营企业 1604 家，注册资金 6684 万元。1991 年，上海市私营企业协会成立。

20 世纪 90 年代，上海市制定并实施《关于发展个体私营经济政

4. 周振华、洪民荣《上海改革开放 40 年大事研究》（卷一），格致出版社，2018 年，103 页。
5. 李功豪《上海崛起：从渔村到国际大都市》，上海大学出版社，2010 年，245 页。

策性规定》和《关于发展个体私营经济政策性规定的补充规定》，出台《上海市引导非公经济健康发展的若干政策意见》，上海私营经济、个体经济进入总量增长和规模扩张阶段。1999 年底，上海有私营企业 10.99 万户，户均注册资金 71 万元。

进入 21 世纪，上海私营经济产业结构调整步伐加快，从传统制造业、餐饮业和商业批发零售业转向高新技术产业、先进制造业以及现代服务业等领域。2003 年底，全市私营企业总户数达 29.1711 万户，注册资金 4108.1 亿元，从业人员 318.084 万人，上缴税收 248.5 亿元。

“十五”期间，私营经济对国民生产总值的贡献率已经接近三成。目前上海私营经济占上海地区增加值比重的四分之一强（表 2.3）。

表 2.3 2012—2016 年上海私营企业税收收入变动情况

年份	私营企业占全市税收收入比重	私营经济增加值占全市比重
2012	26.2%	26.8%
2013	25.6%	26.4%
2014	25.8%	26.6%
2015	27.0%	26.7%
2016（一季度）	29.9%	

资料来源：史健勇《让民营制造企业在上海创新转型中更好发挥作用》，《科学发展》2018 年 10 期，17 页。

上海私营经济在发展过程中遇到强大的国有经济和外资经济的夹击，空间和余地有限，因此规模偏小，少有国内知名企业。外地私营企业迁入上海，成为壮大上海私营经济的重要力量。

改革开放以来，上海经济转型中，经济所有制结构进行了战略性调整，多种经济成分共同发展，非公有制经济在经济结构中的比重已超过公有经济。1990 年上海地区生产总值构成中，非公有制经济仅占 4.6%，公有制经济比重高达 95.4%，其中 71.2% 为国有经济。到 2000 年底，上海经济结构中公有制经济比重仍高达 71.4%。[6]“十一五”期末，上海经济总量中非公有制经济比重达到 49.5%。2011 年，非公有制经济比重首次过半，超过了公有制经济。2012 年底，上海地区生产总值构成中，公有制经济占 49.3%，其中国有经济占 44.6%、非公有制经济占 50.7%（表 2.4）。

表 2.4 1990—2012 年主要年份上海市生产总值中不同经济成分构成

年份	公有制经济	国有经济	非公有制经济	私营和个体经济
1990	95.4%	71.2%	4.6%	2.9%
1995	81.9%	59.6%	18.1%	7.7%
2000	71.4%	55.0%	28.6%	13.1%
2005	56.9%	48.4%	43.1%	21.0%
2010	50.5%	45.2%	49.5%	24.1%
2011	49.9%	45.1%	50.1%	24.0%
2012	49.3%	44.6%	50.7%	24.2%

资料来源：薛艳杰《上海经济转型发展研究》，上海社会科学院出版社，2014 年，61 页。

6. 薛艳杰《上海经济转型发展研究》，上海社会科学院出版社，2014 年，60 页。

制造与服务业

产业结构的演变

新中国成立初期，中央决定上海集中力量发展工业，尤其是重工业和机电工业。1953 年起，上海被确定为国内先进的综合性工业基地和科学技术基地。1956—1965 年，上海先后对全市工业进行三次大规模的调整改组。1956 年第一次改组，加大对重工业特别是机电工业、冶金工业投入，以及对企业进行合并，扩大工业企业规模。1958—1960 年，大力发展重化工业，组建大型骨干企业，调整产业空间，兴建郊县卫星城，以及发展仪表电子等高级、精密、尖端产业。1962—1965 年，调整产业结构，引导上海工业向“高、精、尖”方向发展，扩大企业规模。此后，上海工业在国民经济体系中占据主导地位（表 2.5；表 2.6）。

表 2.5 1949—1957 年上海第二、第三产业发展情况对比

年份	第二产业				第三产业			
	增加值（亿元）	占 GDP 比重	就业人数（万人）	占全市就业比重	增加值（亿元）	占 GDP 比重	就业人数（万人）	占全市就业比重
1949	9.56	47.14%	57.10	22.86%	9.27	45.71%	71.04	28.44%
1951	15.61	49.52%	71.55	25.57%	13.95	44.26%	80.03	28.60%
1953	28.75	55.60%	98.32	31.00%	20.45	39.55%	87.86	27.70%
1955	29.39	54.79%	105.34	32.80%	21.54	40.16%	88.64	27.60%
1957	40.83	58.66%	133.14	36.42%	26.07	37.46%	100.31	27.44%

资料来源：李敦瑞《上海服务业的发展轨迹与新态势》，《上海行政学院学报》2012 年 2 期，79 页。

表 2.6 1958—1977 年上海第二、第三产业发展情况对比

年份	第二产业				第三产业			
	增加值（亿元）	占 GDP 比重	就业人数（万人）	占全市就业比重	增加值（亿元）	占 GDP 比重	两类产业增加值比重	就业人数（万人）	占全市就业比重
1958	64.66	67.63%	150.99	37.70%	27.38	28.64%	80.09%	106.14	26.50%
1960	123.36	77.88%	157.96	36.50%	30.80	19.45%	71.20%	109.05	25.20%
1963	65.72	72.47%	144.53	35.00%	20.43	22.53%	65.39%	100.35	24.30%
1966	92.27	73.93%	161.92	35.00%	25.74	20.62%	70.20%	111.03	24.00%
1970	120.82	77.12%	229.59	42.45%	28.43	18.15%	67.67%	111.63	20.64%
1972	132.82	77.68%	249.25	43.22%	29.62	17.32%	69.28%	118.87	20.61%
1973	147.86	79.77%	254.37	43.15%	36.14	19.50%	63.00%	120.46	20.43%
1976	158.89	76.35%	287.53	42.94%	40.44	19.43%	65.01%	140.78	21.03%
1977	176.98	76.83%	295.41	43.47%	45.40	19.71%	67.86%	140.29	20.64%

注：“两类产业增加值比重”，指批发零售贸易餐饮业和交通运输仓储邮电通信业增加值占第三产业增加值的比重

资料来源：李敦瑞《上海服务业的发展轨迹与新态势》，《上海行政学院学报》2012 年 2 期，80 页。

至 20 世纪 90 年代中期，上海基本上还是一个以工业经济为主的生产型城市，工业生产具有压倒性优势（表 2.7）。

表 2.7 1978—1990 年上海市生产总值构成

年份	上海市生产总值构成	其中				
		第一产业	第二产业	其中：工业	其中：建筑业	第三产业
1978	100%	4.0%	77.4%	76.1%	1.3%	18.5%
1979	100%	4.0%	77.2%	75.6%	1.6%	18.8%
1980	100%	3.2%	75.7%	74.0%	1.7%	21.1%
1981	100%	3.3%	75.2%	73.0%	2.2%	21.5%
1982	100%	3.9%	74.0%	71.4%	2.6%	22.1%
1983	100%	3.8%	72.6%	70.0%	2.6%	23.6%

续表

年份	上海市生产总值构成	其中				
		第一产业	第二产业	其中		第三产业
				工业	建筑业	
1984	100%	4.4%	70.5%	67.4%	3.1%	25.1%
1985	100%	4.2%	69.8%	66.7%	3.1%	26.0%
1986	100%	4.0%	68.5%	65.0%	3.5%	27.5%
1987	100%	4.0%	66.8%	61.7%	5.1%	29.2%
1988	100%	4.2%	66.8%	61.6%	5.2%	29.0%
1989	100%	4.3%	66.9%	62.1%	4.8%	28.8%
1990	100%	4.4%	64.7%	60.1%	4.6%	30.9%

资料来源：孙福庆、徐炳胜等《从经济中心城市到全球城市》，上海社会科学院出版社，2018 年，52 页。

1992 年，上海进行产业结构战略性调整，将产业结构从传统的“二、三、一”调整为“三、二、一”。在“三、二、一”产业发展方针指引下，上海第二产业的比重不断下降，第三产业的比重逐步上升。1999 年服务业增加值所占比重达到 49.59%，首次超过第二产业 1.16 个百分点。2000 年，第三产业占国内生产总值的比重首次超过 50%（表 2.8；表 2.9）。

表 2.8 1991—2000 年上海市生产总值构成

年份	上海市生产总值构成	其中				
		第一产业	第二产业	其中		第三产业
				工业	建筑业	
1991	100%	3.8%	61.6%	57.6%	4.0%	34.6%
1992	100%	3.1%	60.8%	57.1%	3.7%	36.1%
1993	100%	2.5%	59.4%	55.7%	3.7%	38.1%
1994	100%	2.4%	57.7%	54.0%	3.7%	39.9%
1995	100%	2.4%	56.8%	52.3%	4.5%	40.8%
1996	100%	2.3%	54.0%	49.1%	4.9%	43.7%
1997	100%	2.1%	51.6%	46.5%	5.1%	46.3%
1998	100%	1.9%	49.3%	44.0%	5.3%	48.8%
1999	100%	1.8%	47.4%	42.7%	4.7%	50.8%
2000	100%	1.6%	46.3%	41.9%	4.4%	52.1%

资料来源：孙福庆、徐炳胜等《从经济中心城市到全球城市》，上海社会科学院出版社，2018 年，62—63 页。

表 2.9 2001—2010 年上海市生产总值构成

年份	上海市生产总值构成	其中					
		第一产业	第二产业	其中		第三产业
				工业	建筑业	
2001	100%	1.5%	46.1%	41.6%	4.5%	52.4%
2002	100%	1.4%	45.7%	41.3%	4.4%	52.9%
2003	100%	1.2%	47.9%	43.9%	4.0%	50.9%
2004	100%	1.0%	48.2%	44.5%	3.7%	50.8%
2005	100%	1.0%	47.4%	43.7%	3.7%	51.6%
2006	100%	0.9%	47.0%	43.3%	3.7%	52.1%
2007	100%	0.8%	44.6%	41.3%	3.3%	54.6%
2008	100%	0.8%	43.2%	39.6%	3.6%	56.0%
2009	100%	0.7%	39.9%	36.0%	3.9%	59.4%
2010	100%	0.7%	42.0%	38.0%	4.0%	57.3%

资料来源：孙福庆、徐炳胜等《从经济中心城市到全球城市》，上海社会科学院出版社，2018 年，74 页。

2012 年，上海第二产业的比重下降为 39.36%，第三产业的比重超过 60%，第三产业已成为上海国民经济的主导产业（表 2.10）。

表 2.10 2011—2015 年上海市生产总值构成

年份	上海市生产总值构成	其中				
		第一产业	第二产业	其中		第三产业
				工业	建筑业	
2011	100%	0.7%	41.3%	37.6%	3.7%	58.0%
2012	100%	0.6%	39.0%	35.2%	3.8%	60.4%
2013	100%	0.6%	36.2%	32.7%	3.6%	63.2%
2014	100%	0.5%	34.7%	31.2%	3.5%	64.8%
2015	100%	0.4%	31.8%	28.4%	3.4%	67.8%

年资料来源：孙福庆、徐炳胜等《从经济中心城市到全球城市》，上海社会科学院出版社，2018 年，83 页。

制造与服务业结构的变化

在新中国成立很长一段时间内，上海工业实施的是重工业优先战略，特别是机械、冶金和化工等重工业。

改革开放以后，随着人民对日用消费品需求的增加，上海适时调整工业结构，明确了纺织、仪表电器、轻工等八大工业发展方向，重点发展轻纺产品。20 世纪 80 年代中期，上海产业发展战略转向轻重工业协调发展，着力于传统工业的改造、新兴工业的培育以及发展支柱产业。

1991—2000 年间，上海加快产业结构战略性调整。在“九五”计划（1996—2000 年）中提出，壮大新确立的汽车、通信设备、电站成套设备及大型机电设备、家用电器、石油化工及精细化工和钢铁等六大支柱产业，加快培育和扶持集成电路与计算机、现代生物技术与新药、新材料、航空航天等高新技术产业。上海“十五”计划（2001—2005 年）提出，深化“三、二、一”战略，快速推进信息、金融、商贸、汽车、成套设备和房地产等六大支柱产业，积极培育生物医药、新材料、环境保护、现代物流等四大新兴产业。

2004 年，《优先发展先进制造业行动方案》提出，上海优先发展先进制造业的主要目标是以高新技术为先导，大基地、大企业、大项目、大品牌为依托，资金技术密集和充分就业相统一、制造业与服务业高度融合、中小企业充满活力为特色，构筑技术创新化、产业集群化、制造信息化、标准国际化和资源集约化为特征的先进制造业体系；基本形成以高新技术为先导、现代装备工业为骨干、基础原材料工业为依托和都市产业为配套的产业结构。发展的五大战略重点是提升支柱产业竞争优势、推动装备产业升级突破、加快战略产业培育壮大、抢占新兴产业重点领域、保持都市产业稳定发展。[7]

7. 黄金平等《上海经济发展三十年》，上海人民出版社，2008 年，226 页。

2010 年，上海确定“重点发展新一代信息技术、高端装备制造、生物、新能源、新材料等支柱产业，积极培育节能环保、新能源汽车等先导产业”（表 2.11）。

表 2.11 1981—2012 年不同阶段二产六大重点行业

阶段	1981—1990 年	1991—2000 年（前期）	1991—2000 年（后期）	2001—2012 年
二产六大重点行业	纺织业	纺织业	通信电子设备制造业	通信电子设备制造业
	金属冶炼业	金属冶炼业	金属冶炼业	建筑业
	通用专用设备制造业	通用专用设备制造业	通用专用设备制造业	汽车制造业
	化学工业	化学工业	化学工业	通用专用设备制造业
	电气机械制造业	电气机械制造业	建筑业	化学工业
	交通运输设备制造业	交通运输设备制造业	交通运输设备制造业	精品钢材制造业

资料来源：何春香《从产业发展演进探索上海产业转型》,《科学发展》2014 年 3 月，79 页。

上海本来就是一座因商而兴的城市，早年在其经济结构中，以商业、贸易、金融为主的第三产业占据主导地位。新中国成立以后，把经济发展重点放到工业上，第三产业逐步萎缩，占国内生产总值的比重逐步下降，从 1952 年的 41.7% 降到 1960 年的 19.4%，1972 年只有 17.3%。[8]

1992 年，上海进行经济结构战略性调整，实施“三二一”产业发展方针，促进了第三产业迅速发展。“十五”期间，上海加速发展现代服务业（表 2.12；表 2.13）。

8. 李功豪《上海崛起：从渔村到国际大都市》，上海大学出版社，2010 年，121 页。

表 2.12 1991—2009 年上海服务业发展情况

年份	第三产业			六大支柱产业中的服务业		
	增加值（亿元）	占 GDP 比重	就业人数（万人）	占全市就业比重	增加值（亿元）	占 GDP 比重
1991	309.070	34.60%	244.31	30.60%	—	—
1995	1020.20	40.80%	283.37	35.70%	—	—
2000	2486.86	52.10%	372.08	44.90%	—	—
2001	2728.94	52.40%	355.17	47.20%	2206.60	44.50%
2003	3404.19	50.90%	422.21	51.90%	2969.07	47.50%
2005	4776.20	51.60%	479.97	55.60%	3980.88	43.50%
2007	6821.11	54.60%	548.07	53.50%	5753.06	47.20%
2009	8930.85	59.40%	592.86	55.70%	7948.48	52.80%

资料来源：李敦瑞《上海服务业的发展轨迹与新态势》，《上海行政学院学报》2012 年 2 期，82 页。

表 2.13 1981—2012 年不同阶段三产六大重点行业

阶段	1981—1990 年	1991—2000 年	2001—2012 年
三产六大重点行业	批发零售贸易业	批发零售贸易业	批发零售贸易业
	交通运输仓储业	交通运输仓储业	金融保险业
	金融保险业	金融保险业	房地产业
	住宿和餐饮业	住宿和餐饮业	交通运输仓储业
	其他社会服务业	其他社会服务业	信息服务及软件业
	教育事业	房地产业	租赁商务服务业

资料来源：何春香《从产业发展演进探索上海产业转型》，《科学发展》2014 年 3 期，79 页。

在现代服务业中，生产性服务业成为主导性产业。生产性服务业是与制造业直接相关的配套服务业，包括现代物流业、科技服务业、金融保险业、信息服务业和商务服务业五类企业（图 2.1）。

图 2.1 2008—2014 上海生产性服务业增加值占 GDP 比重

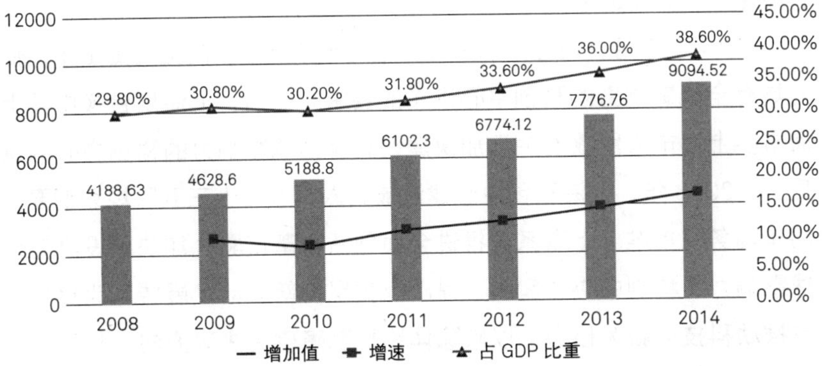

资料来源：王惠珍《上海生产性服务业发展现状、挑战和机遇》，《上海经济》2015 年 3 期，35 页。

科创中心与二、三产业融合发展

2003 年，上海提出“两个长期坚持”和“两个优先发展”。两个长期坚持即“长期坚持上海产业发展的三、二、一产业发展方针，长期坚持第二产业和第三产业共同推进上海经济发展”；两个优先发展即优先发展先进的制造业、优先发展现代的服务业。

2008 年国际金融危机之后，全球掀起新一轮科技革命和产业变革浪潮，世界各国都把加大科技创新和发展战略性新兴产业作为实现经济振兴、抢占新的国际竞争制高点的重要突破口，纷纷推出以智能制造为代表的“制造业再回归”战略。在这样的国际背景下，上海在制造业领域先后颁布了《巩固提升实体经济能级“50 条”意见》《落实“中国制造 2025”上海行动纲要》《本市推动新一代人工智能发展实施意见》等推动上海制造业转型升级的政策文件，重点推进民用航空、大规模集成电路、智能高端制造装备、新一代信息技术、新能源汽车等战略性新兴产业和先进制造业，积极发展“四新经济”——以新技术、新业态、新模式、新产业为代表的新经济，推动“四新”经济向高端化、智能化、集约化迈进。

2014 年 5 月，习近平总书记到上海考察调研，向上海提出了加快向具有全球影响力的科创中心进军的要求。此后，上海出台《中共上海市委上海市人民政府关于加快建设具有全球影响力的科创中心的意见》。2016 年，上海科创中心建设被列入国家“十三五”规划纲要，同年国务院批准《上海系统推进全面创新改革试验，加快建设具有全球影响力的科创中心方案》，提出以实现创新驱动发展转型为目标，以推动科技创新为核心，以破除体制机制障碍为主攻方向，加快向具有全球影响力的科技创新中心进军。

上海还大力推动制造业和服务业融合发展（表 2.14）。

表 2.14 生产性服务业与制造业融合发展的三个阶段

	主导方式	服务模式	主要特点
第一阶段	生产性服务业孕育于制造业	制造业是产业的主体，生产性服务业提供必要的辅助服务	企业“大而全”“小而全”，产供销一体，自我循环
第二阶段	生产性服务业脱胎于制造业	以制造业需求为导向，为其提供社会化、专业化的生产性服务	企业原有制造业和生产性服务业价值链分解；“嵌入式”生产性服务业推动企业从“大而全”向“小而精”转变
第三阶段	生产性服务业支撑制造业	制造业服务化和服务业产业化	表现为生产性服务业向制造业价值链的延伸、渗透和重组

资料来源：王惠珍《上海生产性服务业发展现状、挑战和机遇》，《上海经济》2015 年 3 期，37 页。

正是由于上海经济结构的多样性，避免了一些国际城市的“过度虚拟化”或“产业空心化”，使上海在面对外部经济波动或风险时，能够具有较强的抵御能力。这被学者们认为是上海经济在下行周期中始终保持“降速而不失速”的根本原因。

区域化与全球化

经济区域化

在美国历史学家、地理学家罗兹·墨菲看来，上海成为大城市，“主要是因为它位于世界上面积可以比得上无论什么地方、土地最肥沃、人口最众多的地区的顶点，即长江流域下游地区的顶点”。[9]上海与长江三角洲地区地域相邻，人文相近，在历史上有千丝万缕的联系。上海工业生产和居民日用所需的各种原材料和农副产品大都来自长三角，长三角城乡所需的各种洋货和国货则来自上海。据20世纪30年代的一个调查，浙江吴兴县包括土丝在内的绸、米、菜、鱼等25种输出商品中，主要和大部分输往上海的占14种；而吴兴县所需输入的包括米、糖、南北货、布匹、棉织品、洋广杂货、铁、五金等30种主要商品中，主要和大部分来自上海的占16种。[10]

虽然上海与长三角具有历史、文化和经济的内在联系，但在新中国成立后的计划经济时期，并不存在联动效应。不过，早在1954年，中央撤销华东局，成立中共中央上海局，对上海及江浙两地工农业生产、资本主义工商业改造以及对中央指示方针的贯彻执行情况进行检查、调研。1957年，中共中央上海局为了促进地区间工农业协调发展，召开江苏、浙江、安徽、福建、江西、上海五省一市经济协作会议。[11] 1958年，根据毛泽东主席指示，成立华东经济协作区。1961年，华东经济协作区撤销，成立中央华东局，以期加强对区域性事务的领导。

改革开放之后，在市场机制驱动和经济利益的作用下，跨地区合作交流初现端倪。从20世纪80年代开始，上海一些企业的工程技术

9. 周武《上海学》，上海人民出版社，2015年，2页。
10. 周武《上海学》，上海人民出版社，2015年，8页。
11. 郭继《上海与长三角一体化发展历史回顾》，《党政论坛》2018年12期，12页。

人员利用周末时间，为江浙等地乡镇企业提供技术咨询服务，被称为“星期六工程师”。一些企业从最初在江浙地区兴办各种形式的联营企业，逐步发展到在产品生产、市场销售、技术开发、服务咨询等方面开展跨地区的联营合作。

1982 年 12 月，全国人大通过《关于第六个五年计划的报告》，提出编制以上海为中心的长江三角洲的经济区规划。不久国务院下发《关于成立上海经济区和山西能源基地规划办公室的通知》，认为上海与长江三角洲城市关系密切，需考虑在不改变经济区内城市和企业行政关系隶属前提下，把这一地区经济更好组织起来，建立新的区域经济协作机制。

1983 年，上海经济区规划办公室正式成立。其主要职能是通过区域规划和相应的协调，解决地区间、部门间的矛盾，促进地区和企业的经济联合。最初由上海和长江三角洲的苏州、无锡、常州、南通及杭州、嘉兴、湖州、宁波等城市组成。到 1986 年，扩大到上海市和江苏、浙江、安徽、江西、福建等五省一市的地域范围。主要工作包括编制到 20 世纪末《上海经济区发展纲要》，长江口黄浦江与太湖的开发整治规划；促成化工、纺织、交通、电子等各行业在经济区内的互通信息与协调发展；推动经济联合，建立一批以大中城市骨干企业为核心，跨部门、跨地区的产业集团；推动资金融通，建立资金市场；促进各类商品交易会、订货会的展开，推动经济区内外的商品交流；推动交通建设，发展运输网络，以及规划电讯事业的发展等。[12]

作为一个规划和协调机构，上海经济区规划办公室行政调控力不足，权威性不够，难以突破传统计划经济管理体制的制约，难以超越行政区域的藩篱，面对地方利益诉求力不从心，只能在 1988 年 6 月草草收场。

上海作为全国重要的经济中心，具有较强的城市服务功能和较大

12. 张仲礼《上海和上海经济区在中国经济现代化中的地位和作用》，《社会科学》1988 年 1 期，21 页。

的辐射范围，在长三角地区具有较强的溢出效应，在长江流域具有较大的联动效应，在国内具有较广泛的扩散与示范效应。[13] 早在 20 世纪 90 年代初，邓小平就指出，上海开放了，长江三角洲、整个长江流域，乃至全国改革开放的局面，都会不一样。[14]

1990 年，党中央、国务院宣布浦东开发开放重大战略决策后，上海在长江三角洲乃至整个长江流域的中心城市地位重新得到确认。1992 年，中央组织召开长三角及长江沿岸地区经济规划座谈会，促进了长三角地区与上海的主动接轨和合作联动。上海也主动依托并融入长三角地区，由此推动了上海与长三角地区一体化发展的新进程。长三角跨区域合作机制也逐步建立。

1997 年，由上海、无锡、宁波、舟山、苏州、扬州、杭州、绍兴、南京、南通、常州、湖州、嘉兴、镇江、泰州等 15 个城市组成经济协调组织——长江三角洲城市经济协调会（后又增加了台州市），其主要任务是推进长三角城市间合作项目实施，协调解决城市间的实际问题。

2005 年，长三角经济一体化纳入国家“十一五”规划。2007 年 5 月，时任国务院总理温家宝在上海主持召开长江三角洲地区经济社会发展协调会，明确提出长三角的发展战略将成为一个“国家战略”，要求长三角充分发挥区域优势，实现率先发展。2008 年 9 月，国务院出台《关于进一步推进长三角地区改革开放和经济社会发展的指导意见》。2010 年 7 月，国务院正式批准实施《长江三角洲地区区域规划》。《规划》明确了长三角地区发展的战略定位和发展目标：亚太地区重要的国际门户、全球重要的现代服务业和先进制造业中心、具有较强国际竞争力的世界级城市群。《规划》提出以上海为发展核心，优化提升上海核心城市的功能，充分发挥国际经济、金融、贸易、航运中心作用，大力发展现代服务业和先进制造业，加快形成以服务业为主的产业结构，进一步增强创新能力，促进区域整体优势的发挥和国际竞争力的提升。

13. 周振华、洪民荣《上海改革开放 40 年大事研究》（卷一），格致出版社，2018 年，7 页。
14. 邓小平《邓小平文选》（第三卷），人民出版社，1993 年，366 页。

为贯彻中央指示，响应江浙等地提出的“接轨上海、规划公绘、交通共建、产业俱兴、环境共保”等区域一体化投资环境建设目标和要求，2006 年以后，上海着手创新区域合作交流机制，在规划衔接、政策协调、项目建设等重大问题上及时进行沟通，逐步形成了政府层面上多层次定期磋商机制：第一层次是三地最高决策层一年一度的峰会，就区域发展的重大战略问题进行定期商谈，研究确定区域合作的总体要求和重点事项；第二层次是长三角一市两省常务副省（市）长以及相关部门领导的定期会晤机制，推进落实两省一市主要领导明确的各项工作重点；第三层次是两省一市政府相关职能部门参加的专题合作机制。从而确立了“主要领导座谈会明确任务方向，联席会议协调推进、联席会议办公室和重点专题组具体落实”的决策层、协调层、执行层“三级运作”的区域合作机制（表 2.15；图 2.2）。

表 2.15 1982—2010 年长三角区域政府协同治理形成过程

时间	一体化进程
第一阶段	**萌芽起步阶段**
1982 年 12 月 22 日	国务院决定成立上海经济区，成为长三角的最早雏形
1983 年 3 月 22 日	上海经济区规划办公室正式成立。上海经济区包括上海、苏州、无锡、常州、南通、杭州、嘉兴、湖州、宁波、绍兴等 10 个城市
1984 年 8 月 18 日	第一次上海经济区规划工作会议召开，建立了包括上海、江苏和浙江的“首脑”会议制度、10 市市长联席会议制度
1984 年 12 月 6 日	安徽省成为经济区成员
1986 年 7 月 10 日	通过《上海经济区章程》，江西、福建先后加入
第二阶段	**协商发展阶段**
1992 年 1 月 15 日	14 个城市联合成立长江三角洲协作办（委）主任联席会议
1997 年 8 月 6 日	泰州加入，15 个城市成立长江三角洲城市经济协调会
1999 年 5 月 6 日	长三角城市经济协调会第二次会议在杭州召开
第三阶段	**协同治理阶段**
2003 年 8 月 19 日	台州加入，成员城市扩大到 16 个。《关于进一步推进经济合作与发展的协议》和《进一步加强经济技术交流与合作的协议》等一揽子协议签订
2004 年 11 月 2 日	长江三角洲城市经济协调会由每两年开一次改为一年一次
2007 年 5 月 15 日	国务院总理温家宝在上海举行长三角经济社会发展专题座谈会
2007 年 5 月 30 日	《长三角区域大通关建设协作备忘录》签署

续表

时间	一体化进程
2008 年 9 月 7 日	国务院通过《关于进一步推进长江三角洲地区改革开放和经济社会发展的指导意见》
2010 年 6 月 22 日	国务院批复《长江三角洲地区区域规划》

资料来源：汤蕴懿等《政府职能转型——从政府管理到公共服务》，上海人民出版社，2013 年，147 页。

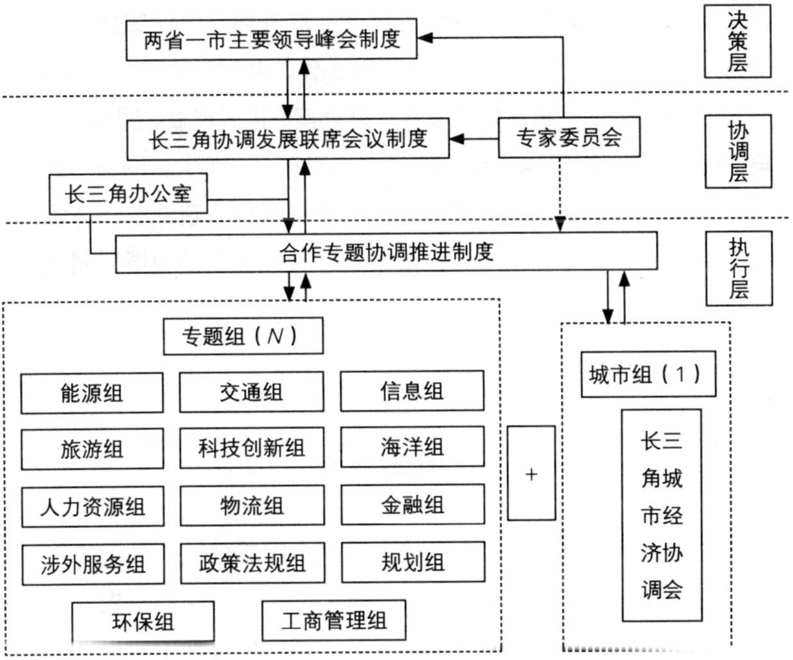

图 2.2 长三角区域协作协调机制构成

资料来源：汤蕴懿等《政府职能转型——从政府管理到公共服务》，上海人民出版社，2013 年，148 页。

2016 年，国家发布《长江三角洲城市群发展规划》，提出到 2030 年，长三角城市群配置全球资源的枢纽作用更加凸显，服务全国、辐射亚太的门户地位更加巩固，在全球价值链和产业分工体系中的位置大幅跃升，国际竞争力和影响力显著增强，全面建成全球一流品质的世界级城市群。《规划》明确“以上海建设全球城市为引领，构建网络化、开放型、一体化发展格局，打造具有全球影响力的世界级城市群”。

为了更好地推动长三角一体化发展，上海和苏浙皖三省商议着重推进四方面重点工作：一是组建长三角区域合作办公室，完善长三角合作常态长效体制机制；二是研究制定长三角一体化发展三年行动计划；三是加快构建综合交通网络，提升互联互通水平；四是加强生态环境共治共保，全力推进大气和水治理协作，共建绿色美丽长三角。

2018 年 3 月，“长三角区域合作办公室”正式成立，同年发布《长三角地区一体化发展三年行动计划》（2018—2020），围绕交通互联互通、能源互保互济、产业创新协同、信息网络高速泛在、环境整治联防联控、公共服务普惠便利、市场开放有序等主要领域，制定了具体行动计划。

经济全球化

历史学家周武指出，历史上的上海与中国其他城市最大的不同就在于它的国际化和全球性。大上海兴起，是与全球化的历史紧密地联系在一起的，是在与世界经济、文化日益紧密的互动中成为远东著名的国际金融中心和贸易中心、工业中心的。

自 1978 年改革开放以来，上海重新接续传统，融入世界，由此进入“再全球化时代”。1979 年，上海提出建设工业基地、科技基地和出口基地，着重推进外贸基地建设，在全国率先建立地方外贸公司。1980 年，上海推进工贸结合、技贸结合，成立工贸结合的进出口公司。1983 年，时任中共中央总书记胡耀邦视察上海时提出，上海要充分发挥口岸和中心城市的作用，发挥经济、科技、文化基地功能，做全国“四化”建设的开路先锋。

1992 年，中央提出把上海建成国际贸易中心，上海实施“大经贸”战略，推动外贸实现快速发展（表 2.16）。

表 2.16 改革开放 30 年上海的对外贸易

年份	外贸进出口商品总额（亿美元）	外贸进口商品总额（亿美元）	外贸出口商品贸易总额（亿美元）	外贸进出口差额（亿美元）	外贸进出口相当于生产总值的比例	外贸出口相当于生产总值的比例
1978	30.26	1.33	28.93	27.60	19.1%	18.2%
1980	45.06	2.40	42.66	40.26	21.5%	20.4%
1985	51.74	18.13	33.61	15.48	35.5%	23.0%
1990	74.31	21.10	53.21	32.11	47.0%	33.6%
1995	190.25	74.48	115.77	41.29	63.6%	38.7%
1006	222.63	90.25	132.38	42.13	62.6%	37.2%
1997	247.64	100.40	147.24	46.84	59.7%	35.5%
1998	313.44	153.88	159.56	5.68	68.3%	34.8%
1999	386.04	198.19	187.85	-10.34	76.3%	37.1%
2000	547.10	293.56	253.54	-40.02	94.9%	44.0%
2001	608.98	332.70	276.28	-56.42	96.7%	43.9%
2002	726.64	406.09	320.55	-85.54	104.8%	46.2%
2003	1123.97	639.15	484.82	-154.33	139.0%	59.9%
2004	1600.26	865.06	735.20	-129.86	164.1%	75.4%
2005	1863.65	956.23	907.42	-48.81	166.6%	81.1%
2006	2274.89	1139.16	1135.73	-3.43	174.9%	87.3%

资料来源：孙海鸣《上海 30 年：改革开放与经济发展》，上海财经大学出版社，2008 年，273 274 页。

为了更好地利用外资，引进国外先进技术设备、管理方法，1982 年，上海建立虹桥开发区，重点发展对外经济和贸易。1983 年，上海建设闵行开发区，主要从事出口加工。1984 年，上海被列为沿海开放城市，引进外资全面起步。1986—1988 年间，上海三个开发区先后获批为国家级经济技术开发区，按照统一规划、分期实施的原则进行滚动开发。

1990 年年初，党中央、国务院决定把开发开放上海浦东作为全国重点，充分利用经济全球化的机遇，吸收国际先进的技术、经验、资金和其他资源，在一个更高的起点上实现中国与全球经济进一步融合。20 世纪 90 年代浦东的开发开放，成为上海利用外资的转折点。上海相继成立了陆家嘴金融贸易区、金桥出口加工区、外高桥保税区和张江高科技园区。1993 年，上海在全国率先提出以吸引《财富》500 强企业进入为目标的高起点外资战略。90 年代中后期，又率先提出吸引跨国公司总部的战略设想（表 2.17）。

表 2.17 上海七大国家级开发区

成立时间	名称	功能定位与主导产业	规划面积（km^2）	所在区域
20 世纪 80 年代	虹桥经济技术开发区	面积最小的国家级开发区；全国唯一以商贸中心为特征，兼具旅游居住和外事活动功能的国家级开发区	0.652	徐汇区、闵行区
	漕河泾新兴技术开发区	主导微电子、光电子、计算机机器软件和新材料等四大产业，研究开发、网络运行、金融数据、技术创新四大中心信息产业；拥有我国目前最大的生物工程中试基地——中科院上海生物工程研究中心及工业微生物研究所等科研院所；区内航天航空工业骨干研究与生产单位承担了中国首次载人航天飞行“神舟五号”飞船推进系统、电源系统、测控信息系统等重要系统的研制工作	5.984	闵行区
	闵行经济技术开发区	三大主导产业：以轨道交通、电站设备为代表的机电行业；以血制品、常用药物为代表的医药、医疗产业；以食品、饮料为代表的轻工产业	3.5	浦东新区
20 世纪 90 年代	陆家嘴金融贸易区	全国唯一以金融、保险、证券及商贸为主要产业的国家级开发区	28	浦东新区
	外高桥保税区	以国际商贸、现代物流、先进制造业等三大功能为主的口岸产业	10	浦东新区
	金桥出口加工区	电子信息、光机电、精密机械、精细化工、高科技、高附加值、高出口创汇产业	18	浦东新区
	张江高科技园区	构筑了三大国家级基地（国家上海生物医药科技产业基地、国家信息技术产业基地、国家科技创业基地）的框架，形成了生物医药、集成电路、软件三大主导产业	25	浦东新区

资料来源：周振华、陶纪明等《上海战略研究：历史传承 时代方位》，格致出版社，2014 年，102 页。

进入21世纪，中国加入WTO，全面融入经济全球化进程。上海颁布了《上海市外商投资产业导向》《关于外资并购本市国有企业若干意见的实施细则》等7个配套政策。上海外资利用聚焦于引进跨国公司总部和研发中心。

2002年7月，上海市政府发布了《上海市鼓励外国跨国公司设立地区总部的暂行规定》。2010年11月，上海进一步提出要“加快集聚外企地区总部和研发中心、运营中心、结算中心等功能性机构，大力发展总部经济，支持跨国公司在上海业务整合”。截至2015年8月，上海跨国公司地区总部达522家，在沪外商投资性公司306家、外资研发中心390家，其中有30多家是全球研发中心、15家是亚太区研发中心（表2.18）。

表2.18 2002—2012年上海跨国公司总部机构数

年份	跨国公司地区总部	外商投资性公司	外资研发中心	跨国公司总部机构数量
2002	25	—	—	—
2003	56	—	—	—
2004	86	105	140	331
2005	124	130	170	424
2006	154	150	196	500
2007	184	165	244	593
2008	224	178	274	676
2009	257	190	304	751
2010	305	213	319	837
2011	353	240	334	927
2012	403	265	351	1019

资料来源：周振华、洪民荣《上海改革开放40年大事研究》（卷六），格致出版社，2018年，185页。

根据对2014年世界500强企业总部及分支机构（包括总部类、分公司、子公司以及代表处等）在全球城市间的分布情况统计，上海是世界 500 强企业分支机构数量最多的城市。世界 500 强企业在上海的分支机构达 600 个，其次是北京 551 个、纽约 538 个、东京 114 个、伦敦 72 个、巴黎 23 个。[15]

众多国际著名跨国公司和金融机构集聚上海，加快了上海成为国际性城市的步伐。上海进入跨国公司全球性生产网络和新的国际分工，成为世界制造业基地，促进了高新技术产品的出口。

面临世界经济格局大变革，在中国对外开放新格局下，2013 年，国务院正式批准上海率先设立中国（上海）自由贸易试验区。2014 年上海市政府《关于编制上海新一轮城市总体规划的指导意见》提出："上海在 2020 年基本建成四个中心和社会主义现代化国际大都市的基础上，再进一步努力建设成为具有全球资源配置能力、较强国际竞争力和影响力的全球城市。"

不过，有些学者认为，上海的国际竞争力来源与纽约、伦敦、香港等其他顶级世界城市是不同的。上海全球竞争力的大幅提升相当程度上来自区域腹地长三角地区日益强烈的国际经济联系，可以说，没有区域发展的支撑和服务中心地位，就没有上海的全球地位。[16] 与长三角腹地的一体化将是上海谋求全球城市更高全球地位的基础。上海与其像伦敦之于英国一样"脱开"长三角和中国经济的整体发展，去追求"配置全球资源"和获得孤岛式的繁荣，不如选择"利用全球资源""互动长三角腹地""服务中国经济"更为明智、更具有现实意义和历史价值。[17]

15. 江若尘《世界与中国跨国公司发展趋势及对上海未来的影响》，《科学发展》2016 年 5 期，104 页。
16. 周武《上海学》，上海人民出版社，2015 年，15 页。
17. 赵民等《新时期上海建设"全球城市"的态势辨析与战略选择》，《城市规划学刊》2014 年 4 期，10 页。

在起伏中前行

新中国成立初期

新中国成立初期，出于工业布局调整和国防安全考虑，上海并没有被列入国家投资建设的重点城市。在实行第一个国民经济发展五年计划（1953—1957）时，一个国家重点项目都没有给上海安排。据统计，“一五”期间上海工业基本建设投资 5.6 亿元，仅占全国工业总投资的 2.2%。[18]1955 年上海市委根据中央关于上海不发展、不扩建、一般维持即可的决定，确定上海采取“积极改造、逐步紧缩”的方针。

当时，上海虽然不是社会主义工业化的重点建设地区，但作为全国最大的工业基地和工商业城市，仍然担负着十分重要的任务，在国家的计划下积极地支持全国的经济建设。具体地说，第一，要为全国重点建设单位提供协作、生产配套产品，还要为全国各地市场供应大量消费品；第二，要争取多出口工业品，为国家换取更多的外汇；第三，要充分利用上海加工工业集中、技术水准较高、协作面较广、生产成本较低、加工利润较大的有利条件，为国家积累更多的资金；第四，要为全国各地输送和培训技术人才。由此导致 1955 年在全国工业总值比上年增长 5.6%的情况下，上海反而下降了 2.8%。

1956 年毛泽东发表《论十大关系》，提出要“好好地利用和发展沿海的工业老底子”。陈云到上海，传达毛泽东和中共中央对上海的期望：“上海有前途，要发展。”根据毛泽东、党中央的指示，以及国家工业建设的需要，中共上海市委第一次代表大会确定了充分利用上海工业潜力、合理发展上海工业生产的方针。在这个方针的指导下，上海以工业生产为中心，进行了经济改组和技术改造，扭转了“一五”

18. 赵民等《新时期上海建设“全球城市”的态势辨析与战略选择》，《城市规划学刊》2014 年 4 期，13 页。

计划前三年工业生产低于全国发展速度以及 1955 年工业生产出现下降的局面。1956 年，上海工业总产值比上年增长 34.3%，高于全国增长 28.2%的幅度。

大跃进时期

从 1958 年开始，上海经济建设进入第二个五年计划时期（1958—1962 年），但很快被三年大跃进冲破。大跃进时期大投入、高速度的三年建设，使上海的工业面貌发生了前所未有的巨大变化，重化工业成为这座城市的主导产业，工业布局有了明显改观，形成了一批各具特色的工业区，工业能级得到了提升，表现为大中型骨干企业的建立、专业化协作生产能力的提高、新兴工业的发展和工业技术水平的提高，科技逐渐成为工业发展的推动力。但三年大跃进的折腾，也带来国民经济比例严重失调、基本建设战线过长、工程质量与投资效益下降，以及急于求成、违背客观经济规律、生产计划指标过高、规章制度被破坏等问题，[19] 使上海经济发展从顶峰跌倒低谷。1961 年上海工业总产值比 1960 年下降 37.3%。1962 年继续下降 18.9%。[20]

1961 年，中共中央决定在两三年内对国民经济实行“调整、巩固、充实、提高”的方针。按照中央的部署，上海前两年着重调整，主要是调整工业结构，调整基本建设，精简职工，减少城市人口；后三年着重充实提高，包括继续调整工业结构，发展新兴产业，开展群众性技术革新和技术革命，支援三线建设。经过连续调整，上海经济形势明显好转。1965 年的国民收入比 1962 年增长 64%，平均每年增长 18%，其中工业净产值平均每年增长 21.5%；全市财政收入 83.18 亿元，比 1962 年增加 34.8%。[21]

19. 黄坚《大跃进时期上海工业建设得失浅议》，《上海党史与党建》2005 年 9 期，12 页。
20. 李功豪《上海崛起：从渔村到国际大都市》，上海大学出版社，2010 年，67 页。
21. 李功豪《上海崛起：从渔村到国际大都市》，上海大学出版社，2010 年，74 页。

“文化大革命”期间

“文化大革命”（1966—1976年）爆发后，上海工业生产受到严重冲击。1967年上海工农业生产下降9.4%，其中工业下降9.7%，地方财政收入下降21.1%。1969—1970年，政治形势趋于稳定，上海经济有所回升。尤其是经过1971—1973年的整顿，上海工业结构发生较大变化。1974年后政治形势再度恶化，上海经济又遭挫折。上海工业生产速度逐年下降，由1973年的9%，下降到1974年的6%、1975的5.5%，上海地方财政收入三年完不成计划，历年地方财政积余全部用完。[22]

“文化大革命”结束后，中共中央提出要大干快上，加快经济发展速度。上海先后建设了上海宝山钢铁联合企业和金山石化，同时加强对老工业技术改造和设备更新。1978年上海工业生产发展速度加快，全市工业总产值比上年增长12.1%，超过前11年平均增长8.2%的速度。[23]

改革开放初期

从20世纪70年代末至80年代末，上海经济发展走过了一段艰难曲折的道路。具体表现为：

（1）GDP增速低于全国平均水平。从1978年到1990年，上海GDP增长率略高于全国平均水平的只有3年，其余9年均低于或远远低于全国平均水平。1978年上海创造的GDP、社会总产值、国民收入和工业总产值，占全国的比重分别为7.06%、8.65%、8.16%和13.0%，而1990年已分别下降到4.21%、5.37%、4.29%和4.85%（表2.19）。[24]

22. 李功豪《上海崛起：从渔村到国际大都市》，上海大学出版社，2010年，78页。
23. 李功豪《上海崛起：从渔村到国际大都市》，上海大学出版社，2010年，79页。
24. 周振华、洪民荣《上海改革开放40年大事研究》（卷二），格致出版社，2018年，11页。

表 2.19 1978—1992 年上海 GDP 增速与全国同期增速比较

年份	上海 GDP 增速	全国 GDP 增速	上海与全国速度差距
1978	15.8%	11.7%	4.1%
1979	7.4%	7.6%	-0.2%
1980	8.4%	7.8%	0.6%
1981	5.6%	5.2%	0.4%
1982	7.2%	9.2%	-2%
1983	7.8%	10.9%	-3.1%
1984	11.6%	15.2%	-3.6%
1985	13.4%	13.5%	-0.1%
1986	4.4%	8.8%	-4.4%
1987	7.5%	11.6%	-4.1%
1988	10.1%	11.3%	-1.2%
1989	3.0%	4.1%	-1.1%
1990	3.5%	3.8%	-0.3%
1991	7.1%	9.2%	-2.1%
1992	14.8%	14.2%	0.6%

资料来源：孙海鸣《上海 30 年：改革开放与经济发展》，上海财经大学出版社，2008 年，201 页。

（2）工业经济效益大幅度下滑。作为中国计划经济体制的代表性城市，由于长期缺乏自身积累对工业设备的更新改造，同时又缺乏国际范围的先进技术交流，上海庞大的工业只能长期在低层次、粗放型水平上增长。生产要素市场化，原材料、能源价格上升，使上海工业成本和产品价格优势逐步丧失，甚至因原材料、能源供应紧张，导致工厂开工不足或停产。20 世纪 80 年代，上海得到的计划能源原材料比重，已从 1978 年的 80%剧降到 1988 年的 25%左右。且能源原材料价格大幅上涨[25]，据统计，1985—1987 年间，上海工业因原材料涨价每年增加的支出都在 20 亿元以上，1988 年更是高达 30 亿元。[26] 经济特区和沿海城市大量引进境外直接投资、技术和管理，工业生产迅猛发展，工业产品占国内市场份额大幅上升。乡镇企业崛起，对上海工业发展形成竞争态势。上海市场份额逐年下降。新中国成立后，经

25. 康燕《解读上海》，上海人民出版社，2001 年，28 页。
26. 贺镐圣《上海经济体制改革十年》，上海人民出版社，1989 年，129 页。

上海加工、批发、经销的日用工业品远销全国各地，一度百货供应量约占全国的 60%、纺织品约占 1/3，国有批发企业成交额一般占全国供货会的 40% ~ 60%。而从 1985 年以后，上海向外地购进工业品的速度和数量明显增长，上海市场上的外地产品渐占主流。上海逐渐从全国日用工业品主供地，转换为主要承担集散地功能。[27]

（3）外贸出口比重下降。1980—1990 年，上海外贸出口总额从 42.7 亿美元增长到 53.2 亿美元，年均递增率仅为 2.2%。其中 1980—1985 年连续五年下降，出口总额从 42.7 亿美元下降到 33.6 亿美元，平均每年下降 4.7%；从 1986 年开始有所回升，但到 1990 年，上海外贸出口占全国总量的比重已下降到 8.6%。[28]

（4）地方财政收入徘徊不前。1978 年，上海的地方财政收入为 169 亿元，到 1990 年仍为 170 亿元，在 12 年中几乎没有增长。[29]

20 世纪 90 年代初，上海启动浦东开发开放战略，上海经济迅速进入增长快车道，不仅改变了上海在 80 年代一个很长时期的徘徊发展，而且创造了始终高于全国平均数的高速增长的奇迹。1990—1999 年，上海国内生产总值从 756.45 亿元增至 4034.96 亿元，人均国内生产总值从 1990 年的 5818 元增至 1999 年的 30805 元。从 1992 年起，上海经济连续 17 年保持两位数增长。1992—2007 年，上海 GDP 年均增长超过 11%，高于同期全国平均水平两个百分点（表 2.20）。

表 2.20 1992—2007 年上海 GDP 增速与全国同期增速比较

年 份	上海 GDP 增速	全国 GDP 增速	上海与全国速度差距
1992	14.8%	14.2%	0.6%
1993	15.1%	14.0%	1.1%
1994	14.5%	13.1%	1.4%
1995	14.3%	10.9%	3.4%
1996	13.1%	10.0%	3.1%

27. 黄金平等《上海经济发展三十年》，上海人民出版社，2008 年，24 页。
28. 周振华、洪民荣《上海改革开放 40 年大事研究》（卷二），格致出版社，2018 年，14 页。
29. 熊月之、周武《上海：一座现代化都市的编年史》，上海书店出版社，2007 年，575 页。

续表

年 份	上海 GDP 增速	全国 GDP 增速	上海与全国速度差距
1997	12.8%	9.3%	3.5%
1998	10.3%	7.8%	2.5%
1999	10.4%	7.6%	2.8%
2000	11.0%	8.4%	2.6%
2001	10.5%	8.3%	2.2%
2002	11.3%	9.1%	2.2%
2003	12.3%	10.0%	2.3%
2004	14.2%	10.1%	4.1%
2005	11.1%	10.4%	0.7%
2006	12.0%	11.1%	0.9%
2007	14.3%	11.9%	2.4%

资料来源：孙海鸣《上海 30 年：改革开放与经济发展》，上海财经大学出版社，2008 年，202 页。

国际金融危机

20 世纪 90 年代以来，上海依靠大规模投资驱动，以重化、劳动密集型加工工业为主，以股市、房市等为主要支撑，连续 16 年实现经济两位数且高于全国两个百分点的高增长。但同时大规模投资拉动经济增长动能不断减弱，投资边际效应下降，土地资源、生态环境约束日益趋紧，人口总量和结构性矛盾凸显，劳动成本和商务成本迅速上升，经济发展开始遭遇瓶颈。

受 2008 年国际金融危机外部冲击，上海经济猛然下滑。特别是当年第四季度经济增速大幅回落，导致 GDP 累计增长率从上半年的 10.3% 下滑至全年的 9.7%，同时工业生产、外贸出口、财政收入等一些重要指标出现负增长。2009 年第一季度，经济进一步下滑，GDP 仅增长 3.1%，比上年同期回落 8.4 个百分点；工业总产值下降 9.8%，比上年同期回落 4.1 个百分点；对外出口下降 20.8%，比上年同期回落 41 个百分点；地方财政收入下降 8.4%，比上年同期回落 32.2 个百分点[30]。2008 年成为上海经济增长的一个“拐点”。

30. 周振华、洪民荣《上海改革开放 40 年大事研究》（卷二），格致出版社，2018 年，54 页。

2009年4月15日，《国务院关于推进上海加快发展现代服务业和先进制造业，建设国际金融中心和国际航运中心的意见》明确提出，到2020年上海基本建成与中国经济实力以及人民币国际地位相适应的国际金融中心、具有全球航运资源配置能力的国际航运中心，为上海率先转变经济发展方式带来了新的历史性机遇。上海开始实施“6 + 3”重大战略举措。“6”即六项重大举措：筹办世博会；加快推进国际金融中心和国际航运中心建设；推进高新技术产业化；浦东新区和南汇新区合并，深化改革，扩大开放；建设虹桥商务区；扩大文化领域开放，推动旅游业发发展，尤其是迪士尼项目。“3”即三个特别关注：加快国企改革与国家重点产业振兴规划的重大项目落地；调整保税区管理体制，促进出入境便利化，在形成服务经济为主的产业结构、自主创新、政府职能转变和社会建设上率先突破；保持房地产健康平稳发展，加快经济适用房建设，加大旧区改造力度，切实解决好困难群众住房问题。

从2009年下半年起，上海经济逐步止跌回升，当年全市GDP比上年增长8.2%，固定资产投资总额比上年增长9.2%，社会消费品零售总额比上年增长13%，地方财政收入比上年增长7.7%，居民消费价格总水平比上年下降0.4%，基本扭转了主要经济指标大幅下滑趋势。进入2010年，上海经济继续回升，呈现出明显的恢复性增长。2010年上半年全市GDP增速达到13%左右，规模以上工业增加值增长25%左右，社会消费品零售总额增长17.5%，地方财政收入增长23.3%，外贸出口增长33.6%。[31]

从国民经济和社会发展第十二个五年规划开始，上海实施“创新驱动发展，经济转型升级”战略，提出减少“四个依赖”，即减少对重化工业、房地产业、加工劳动密集型产业、固定资产投资的依赖，更加注重科技进步和创新，着力提高经济发展质量和效益。

31. 周振华、洪民荣《上海改革开放40年大事研究》（卷二），格致出版社，2018年，62页。

第 3 章

城市建设

城市规划

上海自 1843 年开埠至 21 世纪初的一个半世纪，编制了五版城市总体规划（表 3.1）。

表 3.1 上海历版总体规划城市性质

时期	社会发展背景	城市性质（发展方向）	规划名称
第一阶段	19 世纪初，列强殖民入侵，被迫开放通商口岸	设世界港于上海	《大上海计划》（1927 年）
	1940 年代，战后城市重建	港埠都市，亦将为全国最大工商业中心之一	《大上海都市计划》（1949 年）
第二阶段	建国伊始，艰苦创业，要求上海发展基础性工业	保障工业生产，建成世界上的先进美丽城市	《上海城市总体规划》（1959 年）
	恢复经济建设，成为试点开放港口城市	我国最重要的工业基地之一，最大的港口和重要的经济、科技、贸易、信息和文化中心	《上海市城市总体规划方案》（1986 年）
第三阶段	21 世纪初，改革开放深化，上海作为国家对外开放先导区，代表中国参与国际竞争	我国直辖市之一，全国重要的经济中心，建设成为经济繁荣、社会文明、环境优美的国际大都市，国际经济、金融、贸易、航运中心之一	《上海市城市总体规划（1999—2020）》（1999 年）

资料来源：郑德高、马璇、葛春晖等《追求卓越的全球城市：上海城市发展目标和战略路径研究》，《城市规划学刊》2017 年 7 期，70 页。

2014 年上海编制《上海市城市总体规划（2016—2040）》，2017 年 12 月获国务院批复。2018 年 1 月《上海市城市总体规划（2017—2035）》正式发布。

大上海计划

1927 年上海特别市政府成立后，开始规划上海都市发展计划。1929 年制订“上海市市中心区域计划”，重点建设以江湾为中心、联结淞沪两地的中间地区，作为上海市中心区。1930 年拟订“大上海计划”。“大上海计划”是“上海市市中心区域计划”的延伸和扩大，包括了上海作为一个国际大都市的各个方面，是近代上海第一个大型的、综合性的都市发展规划。1931 年 11 月，市中心区域建设委员会编制了《大上海计划图》（图 3.1），规划在江湾五角场一带设置新的市中心，对市中心的水路交通、市政交通、文化体育设施等作了具体规划。

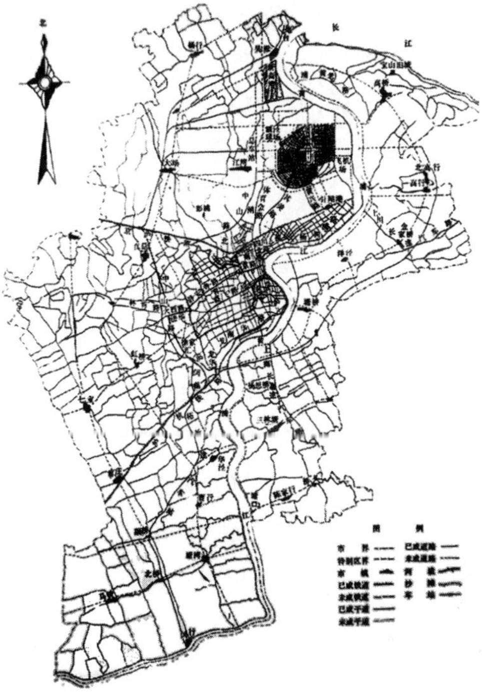

图 3.1 1931 年《大上海计划图》

图片来源：上海市城市规划研究院《上海城市规划演进》，同济大学出版社，2007 年，39 页。

抗日战争胜利后，国民政府在收回租界后开始编制完整的城市总体规划。1946 年，完成《大上海都市计划》一稿，区域计划范围北东两面沿长江口，南达滨海，西面从横泾向南经昆山、淀山湖地带而至乍浦，包括江苏、浙江之东部区域，面积约 6583 平方公里。规划 1996 年人口规模为 1500 万人左右，市域范围 700 万人左右。都市性质与布局为“上海为一港埠都市，亦将为全国最大工商业中心之一。以有机疏散为目标，使居住地点与工作、娱乐及生活上所需的其他功能，保持有机联系，通过发展新市区与逐步重建市中区的方式，将人口向新市区疏散”。

1948 年完成的《大上海都市计划》二稿将计划范围修订为以市界为限，包括 14 个行政区，面积 893 平方公里；全市计划可容 950 万 ~ 1000 万人；确定上海为港埠都市，也将为全国最大工商业中心之一，是中国与国际的金融中心。1949 年，上海市都市计划委员会编制完成《大上海都市计划》三稿，其主要内容为区划及交通两部分，预计至 1970 年人口将增至 750 万 ~ 900 万人。

计划经济时期的城市规划

1953 年，在苏联专家指导下，上海编制了《上海市总图规划》。规划 20 年后城市总人口 500 万 ~ 600 万，控制城市用地 550 平方公里；城市以发展工业为主导，规划了沪西工业区、沪东工业区、蓝藻浜工业区和桃浦工业区；规划港口总吞吐量 3000 万吨。规划提出要疏散旧区稠密的人口，居住要尽量靠近工作地点；要建设供人们集会、游行、游憩的社会活动中心，应为全体市民修建各类绿地和运动场；要分别集中有污染和无污染的工业区；要强调城市建筑的艺术布局；上海作为海港城市，应保证海港及造船工业发展的需要。[1]

1. 上海市城市规划设计研究院《上海城市规划演进》，同济大学出版社，2007 年，46 页。

1959 年，由建筑工程部上海规划工作组指导编制的《上海市城市总体规划》（图 3.2）提出上海建设和发展的总方向是：在妥善全面地安排生产和保证人民日益增长的需要的基础上，工业进一步向高、精、大、尖的方向发展，不断提高劳动生产率，使上海在生产、文化、科学、艺术等方面建设成为世界上最先进美丽的城市之一。城市建设总方针为“逐步改造市区，严格控制近郊工业区的发展规模，有计划地建设卫星城”。初步奠定了上海城市发展的基本格局。

图 3.2 1959 年《上海城市总体规划草图》

图片来源：上海市城市规划研究院《上海城市规划演进》，同济大学出版社，2007 年，46 页。

1981 年，上海市政府开始研究制定城市总体规划。1982 年，上海市人民政府审定《上海市城市总体规划纲要》。1986 年 7 月，上海市政府完成了《上海市总体规划方案》编制，并正式上报中央和国务院。同年 10 月，国务院批复《上海市城市总体规划方案》。这是国务院批准的全国第一个城市发展规划。

对上海城市性质，规划明确上海是我国最重要的工业基地之一，也是我国最大的港口和重要的经济、科技、贸易、金融、信息、文化中心，应当更好地为全国的现代化建设服务。同时，还应当把上海建设成为太平洋西岸最大的经济贸易中心之一。上海要在对内、对外开放两个辐射扇面起枢纽作用。

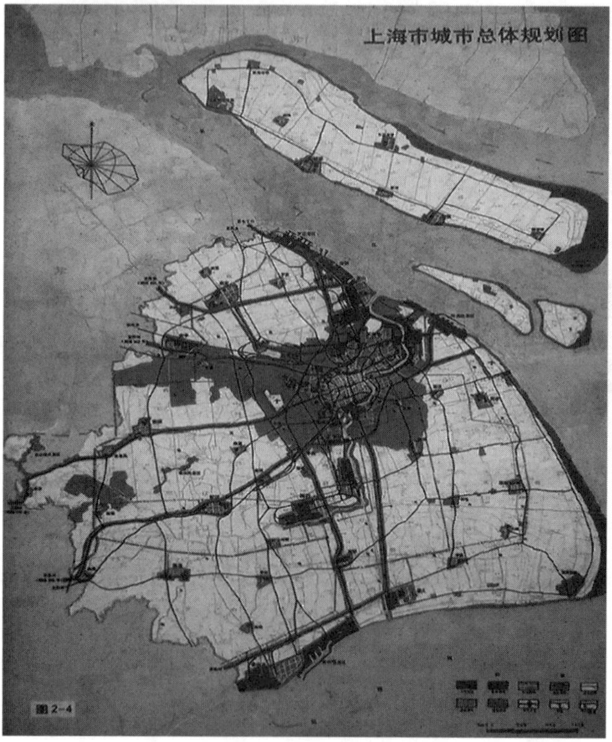

图 3.3 1984 年《上海市城市总体规划图》

图片来源：上海市城市规划研究院《上海城市规划演进》，同济大学出版社，2007 年，85 页。

对上海城市布局，规划明确城市发展的方向是要建设改造中心城，同时发展郊区的卫星城；有步骤地开发上海长江口杭州湾两翼，有计划地推进郊区城镇建设；形成中心城为主体，郊区城镇相对独立，群体组合的现代化城市。规划还提出："当前特别要注意有计划地建设和改造浦东新区，要尽快修建黄浦江大桥及隧道工程，在浦东发展金融、贸易、科技、高校和商业服务设施，建设新居住区，使浦东新区成为现代化新区。"

这个总体规划一直指导着 20 世纪 90 年代上海的城市建设和经济发展（图 3.3）。

21 世纪的城市规划

1999 年，上海编制完成《上海城市总体规划（1999—2020）》。2001 年，获国务院批复。规划明确上海是我国重要的经济中心和航运中心，国家历史文化名城，并将逐步建成社会主义现代化国际大都市，国际经济、金融、贸易、航运中心之一。规划提出到 2020 年，要把上海建设成为经济繁荣、社会文明、环境优美的现代化国际大都市。

规划确立了"多轴、多层、多核"的城市基本格局，完善了中心城、新城、中心镇、一般镇和中心村所构成的市域城镇体系。"多轴"由沪宁发展轴、滨江沿海发展轴组成。"多层"指中心城、新城、中心镇、一般镇所构成的市域城镇体系及中心村五个层次。"多核"主要由中心城和 11 个新城组成。规划明确了新时期上海城市发展的四个方向：拓展滨江沿海发展空间、形成滨水城镇和产业发展带，推进浦东新区的功能开发，集中建设郊区新城和中心镇，把崇明作为 21 世纪上海可持续发展的战略空间（图 3.4）。

图 3.4 2000 年《上海市城市总体规划图・城镇体系》

资料来源：上海市城市规划研究院《上海城市规划演进》，同济大学出版社，2007 年，188 页。

2014 年，上海编制中长期城市远景规划《上海市城市总体规划（2016—2040）》。2017 年 12 月，获国务院批复。2018 年 1 月，《上海市城市总体规划（2017—2035）》正式发布。

《上海市城市总体规划（2017—2035）》明确上海的城市性质：上海是我国的直辖市之一，长江三角洲世界城市群的核心城市，国际经济、金融、贸易、航运、科技创新中心和文化大都市，国家历史文化名城，并将建设成为卓越的全球城市、具有世界影响力的社会主义现代化国际大都市。未来的发展目标：2020 年，建成具有全球影响力的科技创新中心基本框架，基本建成国际经济、金融、贸易、航运中心和社会主义现代化国际大都市；2035 年，基本建成卓越的全球城市、令人向往的创新之城、人文之城、生态之城，具有世界影响力的社会主义现代化国际大都市；2050 年，全面建成卓越的全球城市，令人向往的创新之城、人文之城、生态之城，具有世界影响力的社会主义现代化国际大都市（图 3.5）。

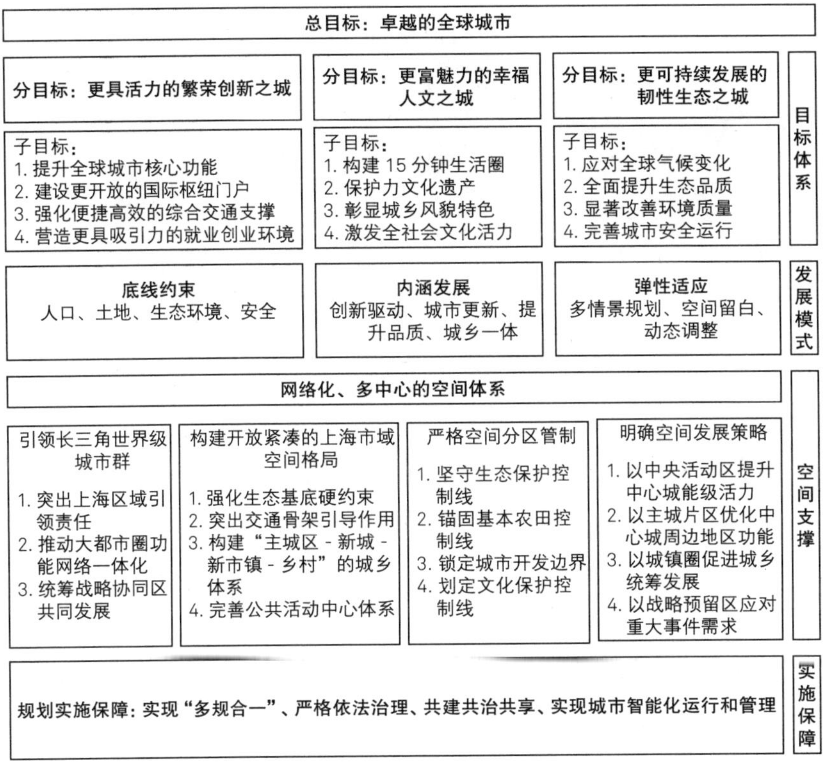

图 3.5 上海新一轮城市总体规划

图片来源：庄少勤《迈向卓越的全球城市——上海新一轮城市总体规划的创新探索》，《上海城市规划》2016 年 4 期，3 页。

上海历次总规对上海城市发展的定位、目标和发展方向，总体上是一脉相承的，即疏解中心城市人口与功能，形成多心多核的城市空间形态。但在理念和方法上都有所突破与创新，如从城市规划到城乡规划、从技术编制转向公共政策、从政府规划转向开门做规划、从空间转向经济、社会、环境可持续发展，更加注重以人为本，以及建设创新之城、人文之城、生态之城的全球城市等。

基础设施

新中国成立后的基础设施建设

新中国成立后，由于片面强调“先生产、后生活”，国家和政府投资主要集中到生产领域，忽略了城市基础设施建设，致使上海的住宅、道路、水电煤等公用事业建设严重滞后，负债累累，突出表现为城市面貌陈旧、住房极为紧张、市政设施老化、交通严重堵塞、环境污染恶化[2]。

据统计，1950—1983 年，上海的基本建设投资共 350 亿元，其中 250 多亿元是用于工业方面，用于城市基础设施建设和发展第三产业的资金不足 100 亿元，平均每年不足 3 亿元。而且投资比重不断下降，新中国成立初期的恢复期为 60.7%，“一五”时期下降为 50.4%，1983 年仅占 20%。[3]

上海财政上缴中央额度很高，本身支出很低，对城市基础设施建设和人民生活影响很大。甚至直至 20 世纪 80 年代初，上海中心城区格局包括市政设施、住宅区状况，几乎全是 30 至 40 年代留下来的，城市轮廓线、街道面貌基本未变，初建时属于世界先进的市政设施因长期得不到更新而严重老化，上海不免显得“老气横秋”，曾经的国际化大都市风光不再。[4] 曾任上海市长的汪道涵曾说：“在我当上海市长期间，我上对得起朝廷（喻中央政府），每年上海上缴国家财政占国家财政收入的 1/6，但对不起黎民百姓（喻上海市民）。每天早晨我看到马路上有那么多的煤球炉在生火，到处在烟雾腾腾，那么多的马桶在马路上刷洗，我直感到心痛，当时上海实在没有多余的资金来改善和发展市民的生活了。”[5]

2. 周武《上海学》，上海人民出版社，2015 年，22 页。
3. 潘名山《上海对外开放战略和政策》，上海财经大学出版社，1999 年，12 页。
4. 周武《上海学》，上海人民出版社，2015 年，22 页。
5.《十四个沿海城市开放纪实》（上海卷），中国文史出版社，2015 年，29 页。

接替汪道涵任上海市长的江泽民决定从 1986 年开始，面向社会发布实事项目，解决与人民生活密切相关的问题。他说：“当我们在车站上、车厢里看到拥挤不堪的人群时，当我们看到孩子们在简陋甚至危险的教室里上课，数万名幼儿入托困难使年轻父母愁云不展时，当我们了解到全市有两万名职工上下班路上要花费 4 小时以上的时间，当一场暴雨使 11 万户居民家中进水时，心里就感到深深的不安。人民群众是我们国家的主人，我们是人民公仆，我们有责任为他们解除后顾之忧，谋求幸福。”[6]（表 3.2）。

表 3.2 1989 年全国主要省市上缴财政情况表

地区	地方财政收入（亿元）	上缴中央财政（亿元）	上缴占财政收入比重
上海	152.66	126.71	80.0%
北京	72.4	34.39	47.5%
天津	46.49	24.87	53.5%
江苏	126.39	69.71	55.1%
浙江	98.21	33.71	34.3%
山东	100.94	2.89	2.9%
广东	136.87	16.78	12.2%
辽宁	133.88	48.3	36.0%

资料来源：全国政协文史和学习委员会《十四个沿海城市开放纪实：上海卷》，中国文史出版社，2015 年，24 页。

城市建设投融资体制改革

改革开放以后，上海取得惊人的城市建设成就：2015 年，上海基础设施的投资额为 1425 亿元，是 1980 年的 158 倍，而从 1950 年至 1978 年的整整 29 年间，投资总额仅为 60 亿元；1978 年上海住

6. 中共上海市委改革办《东方潮：上海改革开放标志性首创案例选（1978—2018）》，上海人民出版社，2018 年，80 页。

宅竣工面积为 199.6 万平方米，2015 年这个数字提高了 8 倍，已达 1617.8 万平方米；20 世纪 80 年代，上海有 121 栋超过 24 米的高层建筑，如今已发展到 3 万多栋，其中超高层建筑有 400 多栋；改革开放前，黄浦江上仅有一条越江隧道——打浦路隧道，以及一座远离市区的松浦大桥，而 40 年后，上海共建设完成 12 条越江隧道和 11 座越江大桥，实现了浦东、浦西的联结和共同发展，城市快速路长度达到 197 公里；轨道交通建设从 1993 年地铁 1 号线正式运营开始，截至 2016 年 12 月，上海轨道交通开通 14 条线路，总长 617 公里，并计划在 2025 年前再建设 9 条轨道交通线。在规划中，2025 年，上海将拥有包括地铁、市城铁路、机场快线和磁浮在内的 29 条轨交线路，总长达 1050 公里。[7]

城市基础设施建设离不开资金的支持，而城市建设投融资体制是获取城建资金的关键。改革开放以来，上海进行投融资体制改革，走出了城建投融资主体多元化的新路，有力地支持了上海城市建设实现高速度、跨越式发展。

（1）利用外资。积极争取国外贷款，包括国际金融机构世界银行、亚洲开发银行和外国政府。1986 年 9 月，国务院以国函第 94 号文批准上海扩大利用外资，自借自还 32 亿美元，用于工业技术改造和城市基础设施建设。该方案由此被称为“九四专项”。“九四专项”是中央给予上海的一个非常关键的政策，解决了上海中长期发展面临建设资金不足的矛盾，是上海经济发展和投融资改革发展的转折点。此后上海先后在国际金融市场筹资 32 亿美元，其中 14 亿美元用于南浦大桥、地铁 1 号线、合流污水一期工程、20 万门程控电话和虹桥机场国际候机楼改建等五大市政基础设施建设，13 亿美元用于 260 多个工业技术改造项目，5 亿美元用于 30 多个第三产业项目。

（2）城市建设投融资平台。1987 年，以“94”谐音而定名的上

7. 周振华、洪民荣《上海改革开放 40 年大事研究》（卷七），格致出版社，2018 年，2 页。

海久事公司成立，这是上海乃至中国最早的综合性政府融资平台公司。作为一家政府性投资公司，久事替政府为大型城建项目融资，通过少部分国有资本带动大体量的社会资金投入。1988 年，根据财权和事权相一致的原则，上海城市建设基金会成立，集中管理政府用于城市建设和维护的各类资金，包括市财政预算内建设资金、事业费和预算外城建规费。1992 年，上海城市建设投资开发公司成立，按照市场化方式筹措、使用、管理城建资金。此外还成立了专业性投资公司——申通轨道交通投资公司，负责轨道交通建设资金的筹措。上海还通过投资、建设、运营、监管四分开投融资体制改革，城市基础设施项目运作，吸引社会资本。如在建设高速公路时，通过招商和项目谈判，选择具有一定实力的投资人作为投资主体，由其发起组建项目公司，作为独立的“项目法人”，按照批准的工程规模和技术标准，承担工程项目的投资、融资、建设和运营管理。项目公司以获取车辆通行费、经营相关服务设施获取投资回报。经营期满后，无偿归还给政府。

（3）土地批租。1987 年，上海市政府发布《上海市土地使用权有偿转让办法》《上海市土地使用权有偿转让房屋经营管理实施细则》，明确由市土地管理局与受让人签订出让合同，规定出让的最高年限为商业、旅馆、娱乐用地 40 年，工业、科技、文体、卫生、综合或其他用地 50 年，居住用地 70 年；出让合同规定的使用期满，该地块的土地使用权及该地块上的建筑物和其他附着物即由市土地管理局无偿收回。1988 年，经过严格的公证程序，上海市人民政府宣布日本孙氏企业集团以 2805 万美元获得虹桥开发区 26 号地块 1.29 公顷土地 50 年的使用权，上海由此成为改革开放后第一个按国际标准开展土地批租的城市。1992 年，上海又创造性地提出将旧区改造同商业设施改造、涉外房地产开发相结合，多渠道、多形式吸引国内外资金用于城市基础设施的改造和建设，开了改革开放以来吸引外资进行旧区改造的先河。上海市出台了《上海市土地出让金管理办法》，确定了本市土地出让金收支管理的制度框架。全市范围内所有出让地块以其出让使用权收入总额（含各种出让形式的收入）的 30%作为土地出让金，70%作为土地前期的开发成本。土地出让金上缴市财政专户，扣除 5%上缴中央的部分和 2%的业务费后，由市、区两级政府实行五五分成（图 3.6）。[8]

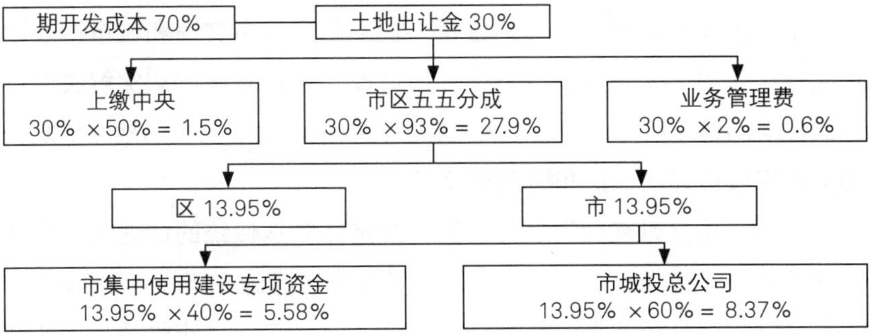

图 3.6 上海市出让土地使用权收入分配细目

资料来源：汤庆园、王宝平《上海土地开发政策演变研究》，《城乡规划》2017 年 5 期，90 页。

（4）基础设施特许权经营制度。对具有收费能力的基础设施进行部分经营权转让，如久事公司和城投公司出面将两桥一隧（杨浦大桥、南浦大桥、打浦桥隧道）45%的 20 年专营权作价 3 亿美元有限期转让香港中信泰富集团，抽出的资金用于建造徐浦大桥；徐浦大桥未造时其经营权已转让了 45%，这换来的 1 亿美元被久事继续投资金融业。2002 年，当资金宽裕时，久事又将大桥的经营权重新购回。[9]

上海城建投融资体制改革对上海城市建设发展起了巨大的促进作用。1992 年起，上海用于市政公用基础设施的投资平均每年递增 23%，由 1992 年的 43 亿元增长到 2002 年的 300 亿元。20 世纪 90 年代初到 2001 年，市政、公用基础设施建设共完成投资 1833 亿元，其中政府性资金投入为 331 亿元，仅占同期投资额的 18%。[10]

8. 周振华、洪民荣《上海改革开放 40 年大事研究》（卷七），格致出版社，2018 年，20 页。
9. 施征、黄培庆《一号工程背后的上海久事——上海久事公司董事长张桂娟专访》，《上海国资》2004 年 12 期，54 页。
10.《上海城市建设发展》，上海人民出版社，2004 年，342 页。

重大基础设施建设

上海市委、市政府曾将20世纪90年代上海的变化概括为三个“三年大变样”和“八大历史性变化”。这三个“三年大变样”分别是：第一个“三年大变样”，修路修桥，切实解决城市交通和城市市政设施建设；第二个“三年大变样”，旧区改造、建新房，切实解决老百姓的住房问题；第三个“三年大变样”，从城市发展的长远战略出发，切实抓好城市环境保护和环境建设。

“八大历史性变化”包括：一、经济体制从传统的计划经济模式转向社会主义市场经济体制，商品市场化程度已达95%，实现投资主体多元化的国有企业占改制企业的80%以上。二、城市性质从工商城市转向经济中心城市，拥有证券、外汇、期货、人才等一批国家级要素市场，以及18个区域性市场和180个地方性市场。三、城市建设从还历史性欠账转向建设枢纽功能性设施，初步形成市区立体交通网的构架，基本建成信息港的主体工程，全市新建建筑面积达到一亿多平方米。四、经济运行从相对封闭转向全方位开放，91个国家和地区在上海投资2.2万多个项目，累计吸收外资合同金额454亿美元，全国各地在沪投资企业1.5万多家，注册资金超过600亿元。五、经济发展重心由“调整中发展”转向“发展中调整”，在加快工业高地建设的过程中，第三产业占国内生产总值比重已经超过50%，信息产业产业已经成为工业第一支柱。六、各项社会事业发展从量的扩大转向质的提高，新增劳动力受教育年限超过12年，平均期望寿命达78岁，先后建成一批标志性的文化设施。七、城乡人民生活从温饱型转向比较宽裕的小康型，城镇居民年人均可支配收入超过1.15万元，农村年人均纯收入超过5500元，城镇登记失业率低于3.5%，市区居民人均居住面积超过11平方米。八、人们的活动方式从“单位人”转向“社会人”，城镇社会保障覆盖率超过98%。[11]

11. 康燕《解读上海》，上海人民出版社，2001年，118—119页。

在这个黄金十年中，通过一系列重大基础设施建设，奠定了新上海的基本格局（表 3.3）。

表 3.3 “八五”“九五”期间上海基础建设重大项目

	时期	项目名称	总投资
第一轮十大基础设施建设	“八五”时期	杨浦大桥 南浦大桥 内环线 杨高路拓宽 外高桥电厂 凌桥水厂 煤气厂二期工程 合流污水工程 外高桥新港区 邮电通信工程	220 亿元
第二轮十大基础设施建设	“九五”时期	浦东国际机场（空港）一期工程 浦东国际信息港 浦东深水港一期工程 地铁 2 号线一期工程 外环线 世纪大道 黄浦江越江观光隧道工程 东海天然气工程 外高桥电厂二期工程 给排水工程	600 亿元

资料来源：周振华、陶纪明等《上海战略研究：历史传承 时代方位》，格致出版社，2014 年，95 页。

巨型工程

有研究者认为，20 世纪 80 年代以来，全球经历了一个巨型工程的新时代，超高层建筑、大型集装箱港口、世界性枢纽机场、高速铁路、高速公路等巨型工程项目在全球范围内日益兴起，并且这一现象在亚太地区将继续占据主导地位。[12] 作为中国乃至世界的新兴国际大都市，

12. 赵玉宗《全球化、城市化与巨型工程》，《城市规划》2006 年 3 期，57 页。

上海成为巨型工程的中心舞台（表 3.4）。

表 3.4 20 世纪 90 年代以来上海代表性巨型工程

类型	名称	开工年份	竣工年份	工程造价（亿元）	其他
商业	上海中心大厦	2008	2016	148	高度 632 米
	金茂大厦	1994	1999	50	高度 420.5 米
	环球金融中心	2003（复工）	2008	73	高度 492 米
交通枢纽	虹桥综合交通枢纽	2005	2009	474	
	上海浦东国际机场	1997	1999	680	
路桥	东海大桥	2002	2005	71.1	全长 32.5 公里
航运	洋山深水港	2010	2017	700	
娱乐	上海迪士尼	2011	2013	245	
大事件	上海世博园区	2006	2009	200	

（1）东海大桥。东海大桥起始于上海市浦东新区（原南汇区）芦潮港，北与沪芦高速公路相连，南跨杭州湾北部海域直达浙江嵊泗县小洋山岛，全长 32.5 公里，是上海国际航运中心深水港工程的一个组成部分，被上海市政府列为“一号工程”。东海大桥工程于 2002 年 6 月 26 日正式开工，历经 35 个月的艰苦施工，投资超 71 亿元，于 2005 年 5 月 25 日实现结构贯通。大桥宽 31.5 米，分上、下行双幅桥面，双向 6 车道，设计时速每小时 80 公里。大桥全线按高速公路标准设计，设计基准期为 100 年。大桥的最大主航通孔离海面净高达 40 米，相当于 10 层楼高，可满足万吨级货轮的通航要求。159 米高的两座大跨度海上斜拉桥主塔系国内最高。位于颗珠山岛和大乌龟岛之间的深海大堤绵延 1.22 公里，也是国内的突破和创新。而最大的奇迹在于建设速度——在风高浪急的外海，运用高效、科学的施工技术，实现大桥贯通仅用时 3 年。

（2）浦东国际机场。1995 年，上海启动浦东国际机场建设。

浦东国际机场一期工程占地 12 平方公里，总投资 130 多亿元，主要包括一条长 4000 米、宽 60 米的跑道，两条长 4000 米的平行滑行道，80 万平方米的客机坪、货机坪和过夜机坪，一座年旅客吞吐能力 2000 万人次、面积 28 万平方米的航站楼及相关设施，年处理能力 75 万吨的货运站，还有航管指挥塔、供油工程等配套项目。

（3）世博工程。世博园区规划用地范围 5.28 平方公里，总建筑面积达到 240 万平方米，涉及工程单体项目 300 多个，包括场馆建筑、市政工程、水工项目、园林绿地、公建配套等多种类型，以及穿越园区的越江隧道、轨道交通等大型市政配套项目，仅工程项目投资总额就达 1111.92 亿元。这些建筑将直接显著地影响上海城市区域的功能结构和空间形态。因此，无论从其投资规模来衡量，还是从其对上海产生的广泛而深远的影响角度来看，都属于典型的巨型工程（表 3.5）。

表 3.5 世博工程投资经费一览表

大类	小类	金额（亿元）
	动迁费用	140.92
主体工程项目费用	工程建设费用	150
	其他建设费用	9
	预备费（不可预见费）	9
	建设期利息	12
配套设施费用	市政设施费用	446
	交通运输投资	345
总计		1111.92

（4）虹桥交通枢纽。上海虹桥综合交通枢纽项目位于上海市西部，规划范围东起外环高速公路，西至铁路外环线，南至沪青平高速公路，北至北翟路，总用地约 26.26 平方公里，跨越闵行、长宁两区，投资总额超过 474 亿元。虹桥综合交通枢纽是集航空港、高速铁路、城际和城市轨道交通、长途客运、公共汽车、出租车等多种交通设施紧密

衔接的现代化大型综合交通枢纽，具体功能包括内外交通衔接及不同交通方式的集中换乘等，是目前世界上最大的综合交通枢纽之一。虹桥枢纽启用以来客流量以年均近 15% 的幅度增长，截至 2018 年 3 月，日均客流量已超 100 万人次，单日最高客流量已突破 133 万人次，成为上海最大的对外公共交通门户。

近年来，上海市以虹桥综合交通枢纽为核心，构筑 86.6 平方公里的虹桥商务区，发展总部办公、商业贸易、现代商务等，形成面向长三角的商务中心。虹桥枢纽虽然位于上海西郊，但是从长三角地区来看，处于上海都市圈的重心位置，沪宁线、沪杭线与上海东西向现代服务轴的交点，地理位置优越，发展潜力巨大。

巨型工程对城市发展的影响是巨大而深远的，带动了城市开发与空间拓展，提升了城市的品质与形象，为城市带来新的发展机遇，推动地区经济发展和生活水平提高。

公共交通

公交优先

新中国成立后，在“为生产服务、为人民生活服务”方针的指引下，新成立的上海市人民政府通过接管、征用、代管以及公私合营等措施，恢复和发展公共交通，对公交线网布局进行调整，开辟了通往各工业区和工人新村的交通线路。1958 年 7 月，上海市公共交通公司成立，负责全市公交行业的管理、经营。

由于长期执行“重生产、轻生活、重工业、轻市政建设”的政策，上海城市交通建设没有随着人口和就业增长得到发展。20 世纪 80 年代知青返城，外来流动人口增加，与市区交通拥挤、道路不足的矛盾变得十分尖锐，表现为车辆少、车速低、乘车条件差、道路紧张、公共交通线路少、行车间隔时间较长。乘车高峰时，车厢内每平方米站立 10 人以上。实际上，市区交通已处于半瘫痪状态。

1985 年，上海市政府决定编制首轮综合交通规划，并于 1986 年开展第一次全市综合性交通大调查。第一版上海市综合交通规划明确了城市交通发展战略，即“以优先发展包括有轨交通在内的公共交通为主导，逐步缩小自行车的使用范围，控制小客车的发展速度和规模，在市区严格限制摩托车的发展”。

从“七五”(1986—1990 年)开始，上海在交通建设方面大规模投资，并取得初步成效。但受制于道路交通拥堵、运力紧张等瓶颈，公共交通服务水平和吸引力持续下降，公共汽车分担率也随之下降(表 3.6)。

表 3.6 上海市居民出行方式构成

年份	步行	非机动车	公共汽车、轨道交通	出租汽车	小客车和摩托车	其他	合计
1986	36.6%	24.9%	35.2%	0.2%	2.5%	0.6%	100%

续表

年份	步行	非机动车	公共汽车、轨道交通	出租汽车	小客车和摩托车	其他	合计
1995	36.5%	34.4%	22.9%	1.5%	4.5%	0.2%	100%

资料来源：邵丹、薛美根《公共利益导向下的理性选择——上海交通政策 30 年发展沿革（1986—2016）》，《城市交通》2017 年 3 期，2 页。

1990 年年底，随着浦东开发开放战略实施，上海市政府决定把解决城市交通问题作为城市建设首要任务来抓，集中力量，采取各种政策措施，力争使城市交通问题有所缓解，并得到初步改观。1991 年制定《上海城市综合交通战略规划纲要》，远景规划是要在上海建成一个现代化的对外交通系统、一个高效的城市道路系统和一个强大便捷的公共客运系统。公共客运系统以地铁和其他快速有轨网络为骨干，以公共汽车、电车和地面公交网为主体，并具有现代化的交通换乘系统。20 世纪 90 年代，上海城市交通建设投资剧增，从 1991 年的 8.78 亿元增加到 1998 年的 96.0 亿元，占城市基础设施投资比重从 14.3%提高到 25.3%。城市交通建设取得巨大成就，极大地改善了居民出行条件。

1999 年 11 月，上海市人民政府副市长韩正在上海国际城市交通学术讨论会上向全世界宣布了新的上海城市交通政策和规划设想。21 世纪的上海城市交通要以人为本，坚定不移地贯彻公交优先政策，大力发展大容量快速轨道交通，积极引导和控制个体交通，实现对交通设施的最有效利用，提高交通效率。2002 年上海市人民政府发表《上海城市交通白皮书》，提出建设一个与国际中心城市相适应的现代化立体交通系统，即拥有一个高效、快速、舒适、清洁和安全，满足当代要求又造福后人的可持续发展的城市交通。

进入 21 世纪，上海交通基础设施跨越式发展，轨道交通基本形成网络，公共交通出行比例持续提升。

上海市轨道交通建设始于 20 世纪 90 年代。1990 年上海地铁 1 号线破土动工，1995 年建成投入运营。1999 年在原有上海市地铁建设公司基础上，组建上海申通轨道交通投资公司，2004 年成立申通地铁集团公司，统一实施轨道交通投资、建设和运营。2010 年世博会使上海轨道交通建设进入快速发展期。由于轨道交通形成网络、覆盖全市，而且布局规划合理、换乘方便，上海已形成了以轨道交通为主导的公共交通优先发展模式（图 3.7；图 3.8）。2015 年，上海全市公共交通共完成 66.41 亿人次，日均 1820 万人次，其中，轨道交通日均 698 万人次，公共汽车（电车）日均 698 万人次。地铁与公交占据总量的 84.56%，成为市民出行的主要交通工具（表 3.7）。

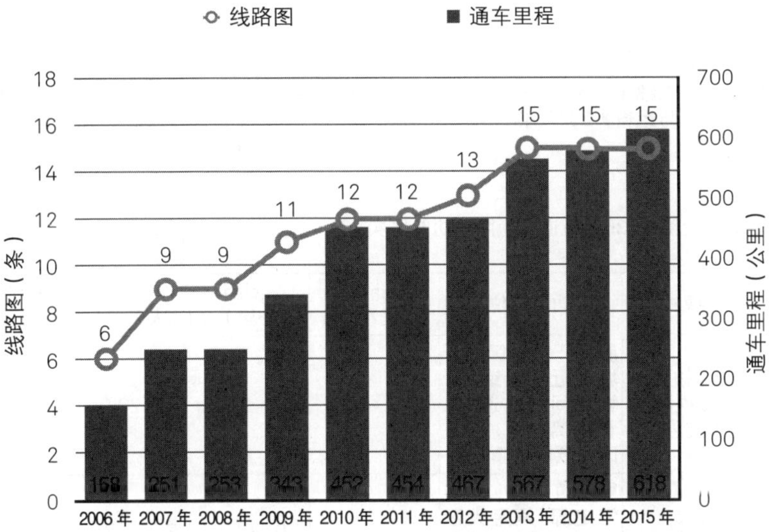

图 3.7 上海市轨道交通运营线路长度变化

资料来源：朱鲤《上海公共交通发展现状及大数据背景下的线网优化思路》，《交通与运输》2017 年 3 期，11 页。

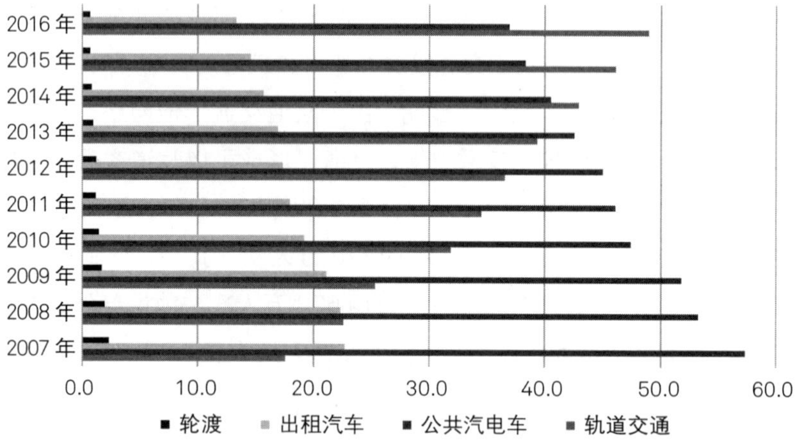

图 3.8 上海市公共交通客运结构变化

资料来源：朱鲤《上海公共交通发展现状及大数据背景下的线网优化思路》，《交通与运输》2017 年 3 期，11 页。

表 3.7 “上海 2035”轨道交通网络功能层次

系统模式		功能定位	设计速度（公里/小时）	站间距（公里）	设计运能（万人次/小时）	规划里（公里）
市域线	城际铁路、市域铁路、轨道交通快线	服务于主城区与新城及近沪城镇、新城之间的快速、中长距离联系，并兼顾主要新市镇	100 ~ 250	3.0 ~ 20.0	⩾ 20.0	> 1000
市区线	地铁	服务高客流、大客流走廊，满足大运量、高频率和高可靠性的公共交通需求	80	1.0 ~ 2.0	2.5 ~ 7.0	> 1000
	轻轨	服务中客流走廊，与地铁共同构成城市轨道交通网络	60 ~ 80	0.6 ~ 1.2	1.0 ~ 3.0	
局域线	有轨电车、胶轮系统等	作为大容量快速轨道交通的补充和接驳，或服务局部地区普通客流、中客流走廊，提升地区公共交通服务水平		0.5 ~ 0.8	0.5 ~ 1.5	> 1000

资料来源：《上海 2035：迈向卓越的全球城市》，上海科学技术出版社，2018 年，82 页。

从市场化到国有化

1996 年以前，作为当时特大型国有企业，上海市公交总公司拥有 8 万职工、8000 余辆公交车，承担全市老百姓的日常出行。由于受困于计划体制，运营效率低，企业亏损严重，到 1995 年，政府对公交补贴额高达 8 亿元。

1996 年 1 月，上海市政府启动首轮公交改革。第一，取消公交月票，统一使用普票。市区一般线路票价每张 0.50 元，保持三年不变；长距离线路、隧道线路及小区专线仍维持现行票价。第二，打破垄断经营。原市公交总公司下属 13 家运营公司全部实行独立核算，自主经营；鼓励区县、企业、社会办公交，以形成多家公交经营竞争局面。第三，对公交企业区分政策性亏损和经营性亏损，政策性亏损给予补贴，经营性亏损不再给予补贴。

公共交通的市场化改革，减轻了政府负担，提高了企业积极性，缓解了交通供需矛盾，但也淡化了行业公益性特征。公交企业成为上市公司，以赢利为目的，导致客源不足的区域和线路公共汽车服务不足。

2001 年，上海启动新一轮公交改革，进一步完善公交行业管理，深化公交内部改革，推进公交企业整合。上海公交行业引入了股份制经营机制。由巴士集团和大众集团通过重组形式，将原来在公交总公司体制下的十几家公司予以资产重组。巴士实业股份公司成为全国首家经营公共交通的上市公司。在明确线网布局优化和服务规范原则的同时，设立“公交专项”资金专项补贴制度，实施公交优先三年行动计划。

2008 年起，上海市贯彻国务院关于公交行业“国有主导、多方参与、规模经营、有序竞争”的总体要求，启动了又一轮公交改革，主要内容是将原来上海公交主要由上市公司和民营企业为主经营，通过资产重组，形成国有控股企业为主力军的市场格局。按照相对区域经营、提高市场集中度、促进有序竞争的基本思路，营造浦西、浦东、郊区三大经营格局。浦西以上海久事公司为主体，正式成立巴士公交集团公司，接管大众集团和强生所属公交，完成对多家小公司的收购兼并。浦东以浦东新区政府为主导，成立浦东公交公司。在郊区，依托区县政府，推进区域公交兼并重组，形成“一区一骨干”。加大政府扶持力度，公交行业 2007—2008 年补贴 22.52 亿元；2009—2010 年补贴约 67 亿元，2015 年补贴地面公交 56.9 亿元。[13]

为引导公众出行选择公共交通，提高公共交通分担率，城市公共交通定价以“低价、补贴”为原则。2006 年开始逐步推出票价优惠政策，包括轨道交通、地面公交在内的换乘优惠措施，70 周岁以上老人非高峰时段免费乘车、轨道交通车站停车换乘优惠和轨道交通乘客持公共交通卡每月在轨道交通消费 70 元以上的部分享有 9 折优惠等（表 3.8；表 3.9）。

表 3.8 上海地面公交现行票制结构

区域		市区线路		郊区线路	
线路性质		市区常规	市区专线	郊区常规	郊区专线
票制		单一票价	多级票价	多级票价	多级票价
车型	普通大客	13km 以下：1 元 13km 以上：1.5 元	起价：1 元 费率：0.12 ~ 0.15 元 / 人公里 进级：1 元	起价：1 元 费率：0.12 元 / 人公里 进级：0.5 元	起价：1 元 费率：0.12 ~ 0.15 元 / 人公里 进级：1 元
	轻型客车	—	起价：1 元 费率：0.20 ~ 0.25 元 / 人公里 进级：1 元	—	起价：1 元 费率：0.20 ~ 0.25 元 / 人公里 进级：1 元
	空调客车	2 元	起价：2 元 费率：0.20 ~ 0.25 元 / 人公里 进级：1 元	起价：1 元 费率：0.24 元 / 人公里 进级：1 元	起价：1 元 费率：0.20 ~ 0.25 元 / 人公里 进级：1 元

资料来源：薛美根、朱洪、邵丹《上海交通发展政策演变》，同济大学出版社，2017 年，123 页。

表 3.9 上海轨道交通现行票制结构

乘距 / 公里	票价 / 元	乘距 / 公里	票价 / 元
0 ~ 6	3	36 ~ 46	7
6 ~ 16	4	46 ~ 56	8
16 ~ 26	5	56 ~ 66	9

13. 薛美根、朱洪、邵丹《上海交通发展政策演变》，同济大学出版社，2017 年，113 页。

续表

乘距／公里	票价／元	乘距／公里	票价／元
26 ~ 36	6	66 ~ 76	10

注：5 号线段内减 1 元（0 ~ 6 公里为 2 元，6 ~ 16 公里为 3 元）。

资料来源：薛美根、朱洪、邵丹《上海交通发展政策演变》，同济大学出版社，2017 年，123 页。

私人小汽车与公共交通

随着我国汽车产业的发展，私人小汽车进入家庭越来越快，而通勤中大量使用小汽车显然是城市交通无法承受的。上海很多交通专家认为，上海城市交通没有能力适应小汽车的增长、上海城市交通没有必要适应小汽车的增长、上海城市交通不能够去适应小汽车的增长。[14] 2002 年发布的《上海市交通白皮书》就明确提出："在路网扩容余地不大，公共交通欠发达，停车收费办法欠完善，道路拥挤、收费手段欠缺等因素的制约下，仍将控制机动车总量"，但"随着交通控制与管理能力的不断增强，对机动车的增长速度进行动态调整"，并制定了"近期控制拥有，远期控制使用"的政策。

1986 年起，上海交管部门对私人车辆实施专用号段管理，并对号牌发放实施总量控制。1994 年开始，对私家车牌照采取有低价、不公开拍卖的市场化分配手段。1998 年初，为刺激沪产轿车销售，上海推出针对沪产轿车的私家牌照 2 万元起拍，只能用于购买沪产轿车；而购买非沪产车则 10 万元起价参与竞拍。2000 年，实行国产小汽车上牌额度无低价、公共拍卖政策。上海现行的车牌拍卖政策就是从 2000 年开始的。从 2007 年 1 月开始，上海市对汽车牌照拍卖的具体方法又进行了重大调整。随着上海居民经济收入不断增长，对小汽车拥有和使用愿望的增强，汽车牌照拍卖价格持续增长，上海已成为世界上车辆拥有成本较高的城市之一（表 3.10）。

14. 潘海啸《上海城市交通政策的顶层设计思考》，《城市规划学刊》2012 年 1 期，104 页。

表 3.10 2002—2013 年上海私车牌照拍卖情况

年份	投放	人数	最低成交价（元）	平均成交价（元）
2002	31850	52485	100	22141
2003	53068	131125	18800	35338
2004	71600	132582	10800	31832
2005	67078	110889	25000	33860
2006	65000	111391	26900	38566
2007	77500	116863	38500	47970
2008	84500	248837	8100	27085
2009	86100	216886	26600	32236
2010	103200	190414	10400	38889
2011	103500	282961	38300	48781
2012	108100	268702	52800	62061
2013	110000	325324	73400	79651

资料来源：李佳佳《上海汽车牌照拍卖的机制分析》，《商》2014 年 23 期，110 页。

私人小汽车牌照拍卖政策有利于控制小汽车增长速度，使上海小汽车的拥有量远远低于北京，并且增加了财政收入和交通设施建设资金。

上海对私人小汽车发展政策已逐步从拥有控制转变为使用控制，就是根据不同区域、不同时段以及交通流分布和交通拥挤度，采取不同的需求管理措施。使用控制政策主要包括车辆出行时空限制、停车收费、拥挤收费以及免费停车换乘。从 2006 年起，上海开始执行国内最严格的停车管理和收费政策。

老年人与残疾人交通

1979 年，上海 60 岁及以上老年人口占户籍总人口比例首次突破 10%，上海进入老龄化社会。此后上海人口老龄化进程呈加速发展态势（表 3.11）。

表 3.11 上海常住老龄人口规模及老龄化水平预测

年份	60 岁及以上				65 岁及以上			
	规模（万人）	水平 1	水平 2	水平 3	规模（万人）	水平 1	水平 2	水平 3
2015	446.45	17.90%	17.89%	17.88%	286.87	11.50%	11.50%	11.49%
2020	543.45	20.53%	20.49%	20.47%	378.60	14.30%	14.28%	14.26%
2025	601.22	21.79%	21.71%	21.68%	468.65	16.98%	16.93%	16.90%
2030	621.81	21.96%	21.87%	21.81%	518.01	18.30%	18.22%	18.17%
2035	625.83	21.77%	21.65%	21.57%	528.26	18.37%	18.28%	18.20%
2040	634.47	21.87%	21.73%	21.62%	520.66	17.95%	17.83%	17.74%
2045	647.44	22.25%	22.07%	21.93%	518.07	17.80%	17.66%	17.55%
2050	641.53	22.10%	21.89%	21.71%	522.85	18.01%	17.84%	17.69%

资料来源：肖林、周国平《卓越的全球城市：不确定未来中的战略与治理》（上卷·战略环境），格致出版社、上海人民出版社，2017 年，236 页。

上海 2007 年推出 70 岁以上老年人非高峰时段免费乘车措施，根据此项规定，在非高峰阶段（上午 7 点到 9 点、下午 5 点到 7 点之外），上海市 70 岁以上的老年人，凭社保卡可免费乘坐轨道交通和公交车，并且在节假日期间实行全天免费乘车。2008 年又用专门的老年人交通卡替代了红色社保卡。

上海 2016 年出台老年综合津贴制度。从 2016 年 5 月 1 日起，老年卡停止使用，凡具有上海户籍且年龄在 65 周岁以上的老年人，均可享受老年综合津贴。每人每月津贴标准按照年龄段共分为五档：65—69 岁 75 元；70—79 岁 150 元；80—89 岁 180 元；90—99 岁 350 元；100 岁及以上 600 元。

残疾人问题是当今世界普遍存在的社会问题，迫切要求各国加快无障碍环境建设。在“人性关怀、和谐发展”的指导思想下，近年来上海在城市无障碍环境建设上取得了重要的进展和突破，在《上海市无障碍环境建设规划纲要（2007—2010）》的编制过程中，进一步提出努力打造“全方位无障碍”环境体系的建设目标。另外，上海市政府部门规定的残疾人的交通补贴标准是每人每月 45 元，年龄限制在 65 周岁以下。

从旧城改造到有机更新

旧城改造

据1982年上海市第三次住房调查，上海有棚户简屋216万平方米，旧式里弄1428万平方米，而居住在这些棚户简屋和旧式里弄里的居民占全市总户数的65%。对于拥有大量棚户区的上海来说，住房问题的改善首先要从危房改造入手。

1980年，上海召开“住宅建设会议”，提出“住宅建设与城市建设结合，新区住宅建设与旧区改建结合，新建住宅与改造、维修原有住宅结合”，开启了旧区改造进程。

1991年，上海市委、市政府提出：“以开发新区为主，重点开发浦东，积极开展旧区改造，按照疏解的原则改造棚户、危房，动员居民迁到新区去；旧区土地主要用于发展第三产业，增加市政、公用、公共服务设施和绿化用地。通过提高级差地租，回收建房资金，改造旧区。”1992年，上海第六次党代会提出：“要深化住房制度改革，加快住宅建设步伐，改善市民居住条件，力争90年代新建住宅超过6000万平方米，完成全市365万平方米棚户、简屋、危房的改造任务”“到20世纪末实现人均居住面积10平方米、住房成套率达70%。”上海由此拉开了大规模旧区改造的序幕。

大规模旧区改造首先面临的就是巨额资金问题。在推进过程中，通过减免土地出让金、有关税费以及财政补贴等政策，上海积极鼓励国内外开发商参与旧区改造。1991—2000年间，全市共拆除各类旧房屋2800万平方米，动迁居民约64万户。其中，拆除二级旧里房屋1720万平方米（约34万户）、简屋580万平方米（约16万户），动迁企业6000家左右，共消灭54万只马桶、38万只煤球炉。

通过改造，市区人均居住面积从1991年的6.7平方米上升到

2000年的11.8平方米，住宅成套率从“七五”期末的31.4%提高到“九五”期末的74%（表3.12；表3.13）。[15]

表3.12 上海土地批租情况

年份	范围	全市	市区	旧区	旧区占市区的百分比
1992	出让地块幅数	210	—	95	—
	出让地块面积（万平方米）	2010	—	92	—
1993	出让地块幅数	251	92	52	56.52%
	出让地块面积（万平方米）	4968	74	41	55.40%
1994	出让地块幅数	445	160	100	62.50%
	出让地块面积（万平方米）	1306	111	66	59.46%
1995	出让地块幅数	258	49	21	42.86%
	出让地块面积（万平方米）	640	48	—	—
1996	出让地块幅数	207	69	21	30.43%
	出让地块面积（万平方米）	379	70	—	—

资料来源：耿慧志《上海土地批租对旧城更新的影响》，《北京规划建设》1998年3期，37页。

表3.13 上海市拆迁数据表（统计范围为10个中心城区）

年份	动迁户数	拆迁面积（万平方米）
1995	75777	322.77
1996	89132	342.95
1997	79857	479.67
1998	78205	452.22
1999	75185	342.50
2000	70606	365.77
2001	73728	515.65

15. 周振华《上海：城市嬗变及展望》（中卷），格致出版社，2010年，145—146页。

续表

年份	动迁户数	拆迁面积（万平方米）
2002	101097	644.53
2003	80858	584.93
2004	42415	308.40
2005	75857	1222.53
2006	81126	1516.85
2007	49000（约）	690（约）

资料来源：袁恩桢等《上海 30 年：改革开放与经济发展》，上海财经大学出版社，2008 年，167 页。

“365”危棚简屋改造工程圆满完成，但上海的城市改造步伐没有停止。“十五”期间，上海共改造了二级以下旧里房屋 700 余万平方米，受益居民 28 万户。“十一五”期间，上海以世博园区、轨道交通等重大市政基础设施拆迁为契机，改造了 340 万平方米旧住房，受益居民 12.5 万户。“十二五”期间，上海改造了二级旧里以下房屋 350 万平方米，受益居民约 15 万户。通过先后三个五年规划实施，2000—2015 年，上海以二级旧里为主要对象的大规模改造开发，共改造二级旧里以下房屋约 1363 万平方米，近 200 万居民居住条件得到改善。而整个“十三五”期间，上海将规划中心城区完成二级旧里为主的房屋改造 240 万平方米，实施约 5000 万平方米的各类旧住房修缮改造。[16]

拆迁补偿

上海的拆迁补偿经历了一系列重大政策调整和完善：从数人头到数砖头，再到数砖头加套型保底；从二次征询到阳光动迁。

16. 中共上海市委改革办《东方潮：上海改革开放标志性首创案例选（1978—2018）》，上海人民出版社，2018 年，202 页。

1992 年，上海实施以“数人头”为主的拆迁补偿制度，根据拆迁房屋内户籍人口数量，确定动拆迁补偿数额。从“十五”开始，实施以“数砖头”为主的拆迁补偿政策，根据拆迁房屋面积确定补偿数额。2009 年，上海开始实施“数砖头 + 套型保障”政策。拆迁补偿在执行拆一还一的“数砖头”政策基础上，对原有房屋面积过小、达不到一定居住标准的家庭（旧式里弄房屋、简屋、非成套独用居住房屋），实行户型托底。即根据被拆除房屋的房地产市场评估单价和建筑面积，确定被拆除房屋市场评估价，在此基础上增加一定的价格补贴和套型面积补贴；对家庭人口多、住房面积小、按照补偿标准安置后居住仍然困难的动迁居民，符合住房解困标准的，纳入住房保障体系。

在动迁过程中，上海探索实行了动迁事前“二次征询”机制。在动迁启动前，首先了解当地居民想不想动迁，同意动迁的居民是否占大多数。如果同意改造户数超过规定比例，办理地块改造前期手续。其次了解当地居民想怎样动迁，征询居民房屋拆迁补偿意见，初步明确房屋拆迁补偿安置方案。在一定时间内，签订附生效条件的房屋拆迁补偿安置协议的居民户数超过规定比例，进入实施改造阶段；如果居民同意改造比例或居民签约比例达不到规定要求，则停止动迁改造工作。

阳光动迁，强调动迁过程和动迁结果必须全部公开透明，增强房屋拆迁透明度和公信力。以杨浦区为例，从 2004 年开始，杨浦区推行了一套“阳光六公开”的动迁新办法，即“每家每户的评估单价公开，每个被动迁户的人口与面积公开，所有动迁房源公开，特困对象照顾名单公开，动迁居民签约情况公开，动迁户的奖励条件公开”。

动迁社区

按照上海市政府动迁政策，对动迁居民补偿有两种方式：房屋补偿和货币补偿。由于对动迁居民的安置越来越不以就地安置为取向，如果是直接以房屋形式进行补偿、安置，供被动迁居民选择的新房往往建在比原住地更偏离市中心的区位。另外，棚户、简屋与旧式里弄里居住的主要是社会中下收入居民，特别是前一类社区，生活着城市社会最底层的居民，往往集中了大量的下岗、失业人员。如果是以货币形式进行补偿、安置，按他们的收入水平，绝大部分人都不可能在市中心重新购置新房。总之，无论实行哪一种政策，中心城区的动迁居民都会被迫远离市中心原来的居住地。前一类是通过安置房选址的直接被迫，后一类是通过价格落差的间接被迫。由此形成了大量的城市内移民。

城市动迁并不仅仅是地理位置变化那么简单，居民的生活方式等也会随之发生天翻地覆的变化。动迁社区往往存在职住分离、通勤成本提高、公共服务设施缺乏，以及家庭解体带来的生活照顾问题。[17]随着城市的不断发展，此类安置型社区除了公共设施短缺和滞后外，其社区人员构成也日趋弱势化、外来化、贫困化和老龄化，进而带来了许多城市病和社会矛盾，成为社会发展的不稳定因素。因此，这些被逐渐边缘化或异化的城市地区的更新与改造将是城市和谐与可持续发展中必须引起高度关注和重视的重要问题。[18]

实际上，在城市大规模改造过程中，动迁社区的命运各不相同。也有社区在经历最初的困顿和无奈之后，开始分享到城市扩张和发展的成果，在住房和物质条件大为改善的同时，也重新拥有了属于自己的社区生活和家园意识。上海市普陀区山茶苑社区可以说是 20 世纪 90 年代众多动迁社区发展的一个典型代表。

山茶苑是普陀区“两湾一宅”[19]旧城区改造居民安置的住宅社区，由普陀区住宅发展局投资建造，于 1997 年 12 月全面建成。社区位于普陀区桃浦地区的白丽路以东、红棉路以西、银杏路以南、白丽东街

17. 陈映芳《城市贫困的新问题》，《中国城市评论》，南京大学出版社，2005 年，36 页。

18. 王静《公平与和谐：城市安置型社区规划与实施之后评析——以上海通河社区为例》，《现代城市研究》2007 年 3 期，4 页。

19. “两湾一宅”是指上海市普陀区境内的潘家湾、潭子湾和王家宅及周边范围内的一片危房简屋区，地处中山北路以南、恒丰北路斜拉桥以西、苏州河以北、光复路以东，位于上海火车站附近，此处居民大多是新中国成立前来到上海的贫苦民众。

以北，有住户 1224 家，其中 70%属于动迁安置居民。在 1998 年第一批动迁居民安置于此时，小区尚未建好，虽然住房条件相较动迁之前改善很多，但社区一些最基本的生活条件并不完备：社区“三不通、一不平”（电不通、水不通、气不通，道路不平）；社区周边没有公交线路，没有菜场、超市，甚至连个便利店都没有；教育医疗资源、文化休闲设施缺乏，孩子们要每天披星戴月回到自己原来市区的学校就读；远离市中心，就业信息不通畅，就业机会少；居委会有形无实，居民参与社区事务、表达利益诉求的渠道有限，社区滋生大量违法乱纪现象。

2003 年，政府对该地区进行了一次较大规模的规划建设，社区基础设施有了很大改善。路修好了，路灯也安了，小区门口通了公交车，满足了社区居民部分出行的需求；建立了利群医院、桃浦医院（桃浦镇街道卫生中心）以及一所小学，初步解决了居民看病难、孩子上学难的问题；商业配套设施如超市、菜场、理发店、餐馆、银行也发展起来；聘用了专业物业管理公司，物业管理日趋完善，偷窃、违法犯罪现象减少，社区治安有了明显好转。特别是社区内正式设立了居委会，居委会协调邻里矛盾，组织开展社区活动，通过楼组长制度，让居民积极参与社区事务，在社区建设中发挥了很大作用。

2010 年世博会在上海召开，普陀区政府借机对桃浦地区再次进行规划，对小区内环境进行了大规模改造。增设消防、监控、门禁等安全防护措施；清理小区内私自开荒种地的现象；增加健身运动器材，在小区附近增设大型医院，并且建立幼儿园、初中、高中、老年大学等学校；对老年人提供特殊照顾，如送餐、定期健康检查、发动志愿者登门探访；社区还成立了舞蹈队、合唱队、戏曲沙龙以及老年健身队等自发的文化组织，极大地丰富了居民的生活。地铁 11 号线也在附近设立“桃浦新村”站，最大限度满足了居民出行需求。

山茶苑社区居民是从位于火车站附近的“两湾一宅”棚户区通过政府动迁搬至此地。从城市区位上看，之前的居住地点是上海市中心地段，而搬迁地山茶苑在最初属于上海郊区，周边被农田包围。虽然居住条件较之前有了很大改善，但是区位落差、起步阶段社区的“原始简陋”、生活的不方便与不适应、对新居住地的期许与现实落差之大，使动迁居民在心理上产生严重的挫败感和孤独感，进而促使他们保持对以往“上海人”的怀念，以及对“当地人”和“乡下人”现实的排斥。

从 2003 年起，社区居民日常生活需求基本得到满足，生活质量有了较大程度改善，这在山茶苑动迁居民的心理层面上带来一定的改变，他们开始逐渐接受自己“桃浦人”的身份。不过此时的“桃浦人”所代表的含义仍然与“乡下人”纠葛在一起，动迁居民长期的心理落差依然没有消除。因为这一时期城市与郊区间联系仍不通达。可以说微观、中观层面让他们很城市、更城市，宏观层面则让他们很农村、很乡下。由于城市对农村的固有歧视，与“桃浦人”这个身份相伴的是“乡下人”这样具有贬义和挫折感的标签，但是生活环境的改善让他们逐渐能够自我消弭这样的感受，并让这一重新的身份认同融入自己的言语、行动中去。

伴随着社区规划建设的完善，不但社区环境更加宜居，社区居民生活质量有了显著改善，而且动迁居民也完成了“我是上海人—我是乡下人—我是桃浦人—我是上海人”的身份重塑过程。

2010 年以后，山茶苑社区在交通、文化、休闲、娱乐及教育方面突飞猛进，社区的宜居性向前跨越了一大步，生活质量有了全面的提升。特别是随着地铁 11 号线的开通，社区与市中心的联系大大增强，原本与“桃浦人”捆绑在一起的“乡下人”身份意识逐渐在人们的心目中消失殆尽，“桃浦人”就是“上海人”的标志意义加深，居民对“桃浦人”身份产生了新的价值认同。

走向城市有机更新

在经历了大拆大建、大规模快速城市建设后，2014 年，上海市政府颁布《上海市城市更新实施办法》，强调上海实施动态、可持续的有机更新，即从大拆大建式的剧烈式更新向小规模、渐进式更新转变；从注重物质环境改善向环境、社会、经济综合性发展转换；从政府和大型地产企业主导的开发向多社会主体介入更新转换。《更新办法》共 20 条，重点包括完善城市功能，促进创新发展；强化社区服务；增加公共开放空间；改善生态环境，加强绿色建筑和生态街区建设；完善慢行系统；塑造城市特色，保护历史风貌等。

2016 年，上海发布城市更新四大行动计划，包括共享社区计划、创新园区计划、魅力风貌计划、休闲网络计划。上海正式启动“行走上海 2016——社区空间微更新计划”，号召有志于社区营造的规划师、建筑师、景观师和艺术家们，积极参与社区空间微更新的试点改造。

为推动城市更新工作开展，进一步改善空间品质、提升城市魅力，由上海市城市雕塑委员会主办，上海市规划和国土资源管理局、上海市文化广播影视管理局、上海市徐汇区人民政府共同承办了 2015 上海城市空间艺术季。上海空间艺术季包括主题活动、实践案例展和市民文化活动三大板块。主题活动由主展览及系列论坛构成；实践案例展选择与百姓生活密切相关的公共空间，展示城市空间公共艺术改造方案及实施效果；市民文化活动整合各种资源，形成一系列市民广泛参与的群众文化活动。

上海空间艺术季结合当下城市更新改造密切相关的话题，选择具有典型意义的区域，会同所在地区人民政府每两年举办一次，以“文化兴市，艺术建城”为理念，“城市艺术化，艺术生活化”为目标，打造具有“国际性、公众性、实践性”的城市空间艺术品牌活动。

第 4 章
都市政治

行政体制改革

政府机构调整与职能转变

改革开放以来，为逐步建立与社会主义市场经济体制相适应的行政管理体制，上海以建设“服务政府、责任政府、法治政府”为目标，以机构调整、职能转变和行政审批改革为主线，进行了一系列行政体制改革。

1983 年，政企分开，扩大经济管理实体权限。减少机构领导层次、精简市级行政机构编制。调整干部结构，实现干部革命化、年轻化、知识化、专业化。

1988 年，从机构改革向政府职能转变延伸。对政府部门行政权限和职能结构进行调整，经济管理由直接向间接转变，完善市、区、县城建管理体制，探索小政府、大社会管理模式。

1995 年，从适应社会主义市场经济出发，转变政府职能、精简机构、理顺关系。组建国资委和国资办，成立上海社会保障委员会、社会保险管理局和市医疗保险局。

2000 年，以城市管理体制改革为主线，对城市管理机构和执法监管机构进行了调整，并在文化、知识产权、信息化等部门组建新机构，加强了政府社会公共事务管理职能。特别是对政府机构和人员进行了大规模精简，市政府部门由原来的 67 个精简为 43 个，人员精简了 50%。

2003 年， 深化政府职能转变，发挥政府经济调节、市场监管、社会管理和公共服务职能。组建上海市国有资产监督管理委员会、市发展和改革委员会，成立市食品药品监督管理局。

2008 年，探索实行大部门制，加强完善重要行业管理体制，组建上海市经济和信息化委员会；加强、整合社会管理和公共服务部门，组建上海市住房保障和房屋管理局；优化和完善城市建设、交通和管理体制，组建上海市城乡建设和交通委员会、市交通运输和港口管理局；组建上海市人力资源和社会保障局。

2013 年，从理顺职责关系、优化政府组织结构、完善行政运行机制出发，对食品药品、交通运输、城乡建设部门做了进一步调整。

经过七轮改革，上海市政府机构由 1978 年的 78 个调整为 2013 年的 44 个，数量精简将近一半，大大提高了工作效率和效能。[1]

党的十八大以来，上海按照“两高、两少、两尊重”，即“高透明度、高效服务，少审批、少收费，尊重市场规律、尊重群众创造”的要求，深入推进简政放权、放管结合、优化服务改革，加快政府职能转变，提高政府治理现代化水平。[2]

行政审批制度改革

2000 年，上海全面开展行政审批制度改革。此后，上海分别于 2001 年和 2002 年公布了第一批、第二批取消和不再审批事项共 606 项，调整审批方式事项 136 项。2004 年，《行政许可法》正式实施，以此为契机，上海在全国率先开展区县、街镇行政审批清理，推行行政审批标准化管理，实施行政审批评估评审改革，同时加强行政审批事后监管，创新监管方式。2003—2014 年，上海滚动发布六批取消和调整的行政审批事项。至 2014 年 5 月，上海累计取消调整 2994 项审批事项，其中取消 1174 项、调整 1820 项。[3]

2018 年，上海市政府提出：“各区设立的审批事项要全部取消，市里设立的审批事项大部分也要取消，暂时不能取消的要改为备案或告知承诺。”

1. 周振华、洪民荣《上海改革开放 40 年大事研究系列》（卷三），格致出版社，2018 年，18 页。
2. 陈奇星《改革开放 40 年上海行政体制改革的回顾与展望》，上海人民出版社，2018 年，12 页。
3. 周振华、洪民荣《上海改革开放 40 年大事研究》（卷三），格致出版社，2018 年，22 页。

政府信息公开

推进政府信息公开，是增强决策透明度的突破口。自 2002 年 2 月起，市政府积极探索推进政府信息公开的有关工作。2004 年，上海在全国省级政府中率先制定出台《上海市政府信息公开规定》，并于同年 5 月起施行。

《规定》明确政府信息以“公开为原则，不公开为例外”，使其成为行政机关的一项法定义务。经济社会发展规划、城市规划、市政府规章和规范性文件，与群众密切相关的重大事项如社会保障、就业、教育、土地征用和房屋拆迁等，依法向社会公开。尤其是教育、卫生、人事等公权力大、公益性强、公众关注程度高的政府部门必须向社会公开信息。

“中国上海”门户网站开辟了政府信息公开专栏。随着新媒体的发展，2011 年上海开通了“上海发布”政务微博，2013 年增设“上海发布”微信发布平台，为政务信息公开、政府与市民沟通提供平台与管道。

目前，上海已经初步形成政府网站、新媒体发布、新闻发布会、政府公报、国家档案馆、公共图书馆、政府热线、政府信息公开查阅点、社区信息苑和农村基层信息服务站等覆盖城乡、形式多样的公开渠道。[4]

通过历次改革，政府机构得到精简和优化，政府职能得到转变，政府治理更加透明高效，实现了建设“服务政府、责任政府、法治政府”的基本目标。

4. 周振华、洪民荣《上海改革开放 40 年大事研究》（卷三），格致出版社，2018 年，33 页。

分级治理

市区分权

新中国成立初期，上海实行两级政府、两级管理，但由于以条为主的管理体制日益强化，致使区虽为一级政府，但管理职能逐步弱化。

20 世纪 80 年代，上海市区开始第一轮明责分权。1985 年，市有关部门向区下放了包括小学校舍维修、支弄小巷修建、绿化、环境保洁等方面的事权。1986—1987 年，各区开始与市政府实行收支挂钩、总额分成的财政包干，形成了区级财政的雏形。1988 年，市政府又在更大范围内向区政府下放事权，内容涉及计划、外经贸、城市建设、商业、集体工业、工商、物价管理等方面。通过这一轮明责分权，上海两级政府、两级管理的格局逐步形成。

1992 年起，上海开始第二轮明责分权，涉及财政税收、城市建设、环境保护、外经外贸、劳动管理、人事编制、商业管理、价格管理八个方面的事权。其中，500 万美元以下的引进外资审批权、建设权以及发展第三产业的一些审批权也下放到区县。

1995 年，按照事权与财权相统一、建设与管理相统一、局部与全局相统一、放权与转制相统一、下放财权与加强审计相统一的原则，市政府先后两次较大规模扩大区县政府在利用外资、项目审批、城市规划、资金融通等方面的管理权限，进一步与区县政府明责分权。具体包括下列五方面内容。

（1）下放部分外商投资项目行政审批权。一是将投资在 1000 万美元以下外商投资限制类项目的可行性报告、合同、章程的审批权下放各区县；二是将总投资在 3000 万美元以下、位于市级工业区内的外商投资鼓励类项目（除港口项目外）建议书、可行性报告、合同、章程的审批权下放区县；三是按照“谁审批、谁负责”的原则，委托各区向由区县批准的外商投资项目发放批准证书，并实行属地化管理，由发证区县承担外商投资企业的管理责任；四是将来料来图加工、来料装配业务的审批权下放各区县。

（2）下放城区规划和公共事务管理权。上海采取一事一议方式，将原来由政府及其规划管理部门行使的部分规划管理权委托给区政府和区规划部门。适当划小全市重要地区和道路的范围，委托区县编制本地区道路建设详细规划，审批部分重要道路和地区范围内的建设项目及部分18层以上建筑的设计方案。市有关部门对区规划部门依法行政、城市规划实施等工作进行考核，对有关业务工作加强服务、协调、指导和检查。此外，上海按照管理和养护、管理和施工分离原则，将环卫清扫、绿化养护、房屋维修、物业管理、路政维护等公用事业行政管理职能转入区县有关职能部门，养护和施工职能由专业公司承担。

（3）委托区县行使辖区内国有资产管理权。从1993年起，各区县国有资产管理部门接受市国有资产管理部门委托，按照国家和上海有关国有资产管理法律、法规和政策，统一管理区域内国有资产，代行占有、使用、处分、收益等四项权能，并统一向所辖企业征收国有资产经营收益。市国资委对区县国有资产保值、增值情况进行考核，并具有对区县国有资产收益的调度权。

（4）鼓励区县参与市区危棚简屋改造。对参与改造的区县所属房地产开发公司免收土地使用费；对危棚简屋拆迁量在300户以上的地块，市房地局在核实情况后，委托各区办理土地使用和拆迁安置手续；允许各区县按规划管理规定，在不降低环境总体质量的前提下，适当提高改建房的容积率。

（5）增强区县财力和投融资能力。一是从1995年起，市财政对吸纳市属企业的市郊各区县，以企业动迁前一年区县上缴的增值税和所得税为基数，将新增增值税的25%和所得税的50%返还给区县。二是从1996年开始，以1995年上缴指标为基数，将投资额500万美元以上“三资”企业缴纳的增值税和所得税中超基数30%的部分返还区县。三是参照全市平均土地级差标准因素，将市级土地使用税增量的 50%分配给各区。四是对各区每年个人所得税收入超基数 50%的部分，由市财政按照各区居住人口中在职职工人数占全市居住人口中在职职工总人数的比例分配给各区，同时将个人所得税由企业所在地征管改为由职工居住地征管。五是参照人口导入因素，将各区县上缴的公用事业附加收入超过 5.5 亿元基数部分的 30%返还给各区县，将 5.5 亿元的 50%返还给各区县包干使用，专项用于城市维护。六是将区属企业缴纳的排污费和其他相关收入留给各区县，在市环保管理部门监督下安排使用。

区街分权

在市区分权的同时，按照责权利相一致、管理与服务相统一、转制与机构改革相配套的原则，上海积极推动区县政府适当向街道和乡镇、社区放权，充分发挥街道、社区和乡镇在城市建设和管理中的作用。

20 世纪 80 年代中期，上海进行街道管理体制改革，总的目标是做强街道。1987 年出台《上海市街道办事处工作暂行条例》。在此条例中，街道办事处可以“行使基层政权的部分权力”。街道办事处主要工作对象除居民以外，还可以对辖区内的机关、工厂、商店、学校等企事业单位有关地区性、社会性的工作，进行行政管理的督促、检查，对“五所、一场、一院”进行督促、检查、协调。1994 年上海颁布《上海市街道办事处工作规定》，进一步强化了街道的行政权力，扩展了街道行政职责。1997 年上海市人大通过了《上海市街道办事处条例》。

1995 年起，上海在 10 个区的 10 个街道开始两级政府、三级管理试点工作。1996 年 3 月，在前期开展加强基层政权建设、社区建设调研基础上，上海召开“城区工作会议”，发布了《关于进一步完善市与区两级政府、三级管理体制政策意见》，在街道、居委会机构编制、财力支配、小区公建配套等方面，制定了相应政策措施：一是调整街道、居委会机构编制和体制；二是加强街道、居委会财力，包括税收返还、转移支付、专项经费等；三是提高居委会工作人员收入，同时提高居委会的办公经费标准，配备专职干部、聘用人员；四是落实街道、居委会办公用房；五是强化社区服务；六是街道一级政府实现政企职能分离，建立各类专业性服务公司，对街道所属企业实行改制；七是居委会与自办三产经营脱钩；八是广泛动员社会力量共同参与社区建设和管理，成立社区事务协商和议事机构，如社区党建联席会、社区精神文明共建委员会，积极培育群众性社会团体，建立社区志愿者协会，开展居民自助、互助和他助活动。

2000 年 4 月，上海制定《关于进一步完善“两级政府、三级管理体制的若干意见》，进一步明确“两级政府、三级管理、四级网络”，将居民委员会组织纳入城市管理体制。

2014 街居改革

2014 年，上海市委把创新社会治理、加强基层建设列为“一号课题”，在大调研基础上发布了“1 + 6”系列文件。其中的“1”是指《中共上海市委上海市政府关于进一步创新社会治理加强基层建设的意见》，“6”是指涉及街道体制改革、居民区治理体系完善、村级治理体系完善、网格化管理、社会力量参与、社区工作者的 6 个配套文件。具体包括以下五方面工作。

（1）社区党工委改名为街道党工委。“上海原社区（街道）党工委更名为街道党工委，作为区委派出机关，在地区社会治理中发挥领导核心作用。街道办事处作为区政府派出机关，依法行使相应的政府服务和管理职能。”新建“社区党委”，负责区域化党建。

（2）取消街道招商引资职能，对街道职能重新定义。“取消街道招商引资职能及相应考核指标和奖励，街道经费支出由区政府全额保障，推动街道工作重心切实转移到公共服务、公共管理和公共安全等社会治理工作上来。”“街道主要履行加强党的建设、统筹社区发展、组织公共服务、实施综合管理、监督专业管理、动员社会参与、指导基层自治、维护社区平安的职能。”与从前相比，改革后增加了“党的建设”“统筹社区发展”内容，将“协调社区资源”改为“动员社会参与”，将“指导自治组织”改为“指导基层自治”，将“维护社会稳定”改为“维护社区平安”。

（3）理顺条块关系。“按照权责一致原则，科学界定条块职责。坚持重心下移、资源下沉、权力下放。”房管所、城市监督管理局（城管）、市容监督管理局、食品安全卫生局等执法部门直接下沉到街道，在每个街道建立办事处，如房屋管理办公室、城市市容管理办公室。它们属于街道管辖，可以向这些办事处派任务，即街道在某种程度上拥有了执法权。“赋予街道党工委对区职能部门派出机构负责人的人事考核权和征得同意权，赋予街道规划参与权和综合管理权，赋予街道对区域内事关群众利益的重大决策和重大项目的建议权，强化对街道考评职能部门派出机构结果的应用。实行市、区职能部门职责下沉街道的准入制度。”

（4）优化机构设置。“按照精简、统一、高效原则，着眼于面向基层、面向群众、优化服务，积极推进街道党工委、办事处内设机构的职能整合和功能优化。按照街道职能定位和创新体制的要求，街道党政内设机构按‘6 + 2’模式设置。”即统一设置6个办公室，另可根据需要再设两个工作机构，促进机构归并和人员精简（表4.1）。

（5）加强中心建设。“继续优化社区事务受理服务中心、社区文化活动中心、社区卫生服务中心的基本公共服务功能，进一步建立完善城市网格化综合管理中心、社区党建服务中心（原社区党员服务中心更名为社区党建服务中心）和社区综治中心。”“各中心是街道履行‘公共服务、公共管理、公共安全’基本职责的载体，服务群众的窗口，推进社区共治自治的平台。”

表 4.1 上海市部分区县"6 + 2"设置方案

区县	"6"	"2"	主要职能
徐汇	党政办公室 小区党建办公室 小区管理办公室 小区服务办公室 小区平安办公室 小区自治办公室	小区发展办公室	负责动员社会力量参与小区治理，联系和服务区域单位，整合小区相关资源，为各类区域单位提供服务，优化区域发展的公共环境；负责组织落实社会经济专项调查、普查和在地统计工作；负责宣传舆论管理、精神文明、文化、教育、科普、体育等工作
		专项办公室	负责强化具有区域特点或管理服务特殊性工作，把街道特定区域或者特定受众的管理服务工作做优、做强、做实
黄浦	同上	党群办公室	主要履行小区统一战线、宣传（精神文明）工作职能
		小区发展办公室	主要履行社会事业发展、旧区改造、政府事实、小区规划、服务驻区单位等工作职能
青浦	同上	党群办公室	主要履行小区统一战线、宣传思想、精神文明建设工作
		综合发展办公室	统筹小区发展、服务指导"三农"工作、财政审计

资料来源：杨雄、周海旺《上海社会发展报告（2016）》，社会科学文献出版社，2016年，40页。

2016 年，上海市重新修订了《上海市街道办事处条例》，依法明确了街道所应承担的九大公共职责，指导基层居民区自治和社区共治成为街道的主要职责。

从市政府级高度集权到市区分工，"一级半政府、两级管理"，再到"两级政府、两级管理""两级政府、三级管理""两级政府、三级管理、四级网络"，城市权力不断由市向区、由区向街居转移，从而构建了城市分级治理体制。

作为超大城市的上海市政府，新时期应进一步厘清市、区、街镇权责划分，加强市和区的统筹权。市政府主要职责：一是处理地方与中央以及与兄弟省市关系；二是统筹协调和分类指导，协调各区之间关系；三是提供全市性公共物品，管理全市性公共事务。区政府主要职责：一是结合区域实际，贯彻落实市政府各项决策；二是社会管理和公共服务，以及处理与邻近区关系；三是提供辖区公共物品，促进区域经济社会全面协调发展。街镇则更多负责具体社会管理、公共服务、基层民主建设等职能。在行为方式上，市政府以行政立法、制定公共政策和战略规划、协调监督为主，区政府兼备决策性和执行性，街镇以执行为主。[5]

5. 陈奇星《改革开放 40 年上海行政体制改革的回顾与展望》，上海人民出版社，2018 年，19 页。

重建社会

近代上海，各种社会中间组织，特别是商会、同业公会以及不同类型的专业协会、联合会、研究会，在城市承担起某些重要的公共职能，成为近代上海社会重要的整合力量。[6]或者说，在政权控制不太严密的年代，上海这座城市在很大程度上是以社团网络为主轴而存在的。新中国成立后，建立起国家与社会合为一体、资源和权力高度集中的总体性社会。总体性社会是建立在计划经济体制和无所不能、无所不在的强有力的国家政权基础之上的。

随着改革开放、市场经济的发展，都市中产阶层成长，市民素质提高和主体意识增强，一个具有相对自主性的社会在中国开始形成。上海从发展社区、培育社会组织、扩大基层民主和社会参与入手，强化社会与政府的有效衔接和良性互动，同时通过整合和共享资源，解决城市社会问题，对地方公众和社会需求做出回应，并在新的基础上建立起都市身份认同和社会凝聚力。

从社区服务到社区建设

社区服务是社区最基本、最重要的功能。从广义来说，社区服务始于20世纪50年代新中国成立初期，如当时许多里弄建立的托儿站、缝纫组、洗衣组等。这些服务时断时续地发展着，因而从一定意义上说，社区服务并不是改革开放的产物，只不过在改革开放以后，为了解决现实问题，以新的概念获得了政府及全社会的青睐。[7]

20世纪80年代初期，上海一些街道建立了孤老服务站、精神病

6. 忻平《从上海发现历史——现代化进程中的上海人及其社会生活》，上海人民出版社，1996年，105页。
7. 郭圣莉等《转型社会的制度变革：上海城市管理与社区治理体制构建》，华东理工大学出版社，2013年，108页。

工疗站、伤残儿童寄托所等组织。80 年代中后期以后，出现“社区服务队”“群众生活服务社”等新型社区组织，承担单位转制后留给社区的大量事务。1986 年，民政部提出开展社区服务，上海着手组建市、区、街道、居委会四个层次一条龙的社区福利服务网络。

自 1992 年起，社区服务连续多年被列入市政府实事项目，使上海社区服务获得前所未有的发展机遇。第一，服务对象方面，从原来的特殊困难人员扩展到全社区的居民和单位；第二，服务项目方面，由原先零星单项的服务转变为系列化、网络化服务；第三，资金来源方面，由原先单一的国家行政性拨款，转变为国家、街道事业单位、社区内其他社会组织以及社会资金等多渠道筹措；第四，组织形式方面，在街道成立专职部门和协调机构，实行专业工作者和志愿者共同协作的活动方式。[8]

1989 年，在卢湾区（今黄浦区）打浦桥街道成立了全市第一个社区服务中心。1996 年 2 月，罗山市民会馆开放运营。上海 YMCA 这个具有悠久历史的社会服务机构，接受浦东政府委托，利用国有资产建立的新型社区服务中心，开创了非政府组织与政府合作、政府购买公共服务的范例。

1997 年，上海市社区服务中心正式成立。1999 年，在全市范围内建设了由一个市级中心、16 个区级中心、100 多个街道中心为节点的社区服务热线。2000 年，街道普遍建立了社区服务中心，基本形成了市级服务中心—区级服务中心—街道社区服务中心网络。社区服务内容日益丰富，在改善居民生活、扩大就业机会、建立社会保障社会化服务体系方面发挥了很大作用。

2006 年起，上海推进社区事务受理服务中心、社区卫生服务中心、社区文化中心建设，解决基层公共服务问题。2007 年，《关于完善社区服务促进社区建设实施意见》中，在社区服务、社区管理和民主参

8. 徐中振《小区发展与现代文明》，上海远东出版社，1996 年，6 页。

与三个方面提出了明确要求，体现了服务、管理和参与三者的统一。

1995 年，上海率先在全国开展社区建设，重点是推动“三级管理和四级网络”，优化基层政权组织的社会管理和服务功能。1996 年，《中共上海市委、上海市人民政府关于加强街道、居委会建设和社区管理的政策意见》中，提出五个方面的政策措施，即理顺条块管理体制、建立综合执法队伍、调整人员编制、完善财力机制和保障居委会办公用房及公建设施配套。

2005 年，上海市政府下发《扩大社区建设试点工作指导要求》，街道办事处被要求从经济为中心转向社区建设。为此，在街道考核标准上逐步降低招商引资及经济指标方面的权重，使街道办事处“从直接承担经济创收事务转向社区管理和服务”。具体措施如下。

（1）以街道为主动员全社会参与。为了实现社区资源的整合统筹，上海在街道层面建立了各种各样的社区联席会议机制。2006 年，市民政局发布了《上海市社区代表会议实施办法》《上海市社区委员会章程》。2007 年，上海市政府出台《关于完善社区服务促进社区建设的实施意见》，提出建立社区委员会作为社区共治平台。社区代表会议是在社区党工委领导下，由社区内各方代表参加，对社区社会性、公益性、群众性的重大事项进行协商共治的会议制度。社区委员会是社区代表会议闭会期间的常设机构，对社会性、公益性、群众性的社区事务履行议事、协商、评议、监督职能。社区委员会还设置若干专业委员会。2011 年，上海市社区工作会议首次明确，社区治理结构由社区街道层面开展共治与社区居委会层面开展自治相结合。

（2）在街道、乡镇层面探索设立社区发展基金会。2015 年，上海鼓励全市各街道或镇成立社区基金会，聚集社区资源，发展社区服务，促进社区参与。

（3）在居委会层面上突出自治能力建设，成立矛盾协调会、听证会和政务评议会，推动居民实现自我管理、自我教育、自我服务，切实推进基层民主建设。协调会主要由居委会主任、居委会人民调解委员会主任及有关社区工作人员组成，对涉及社区成员间公益性、社会性事务以及一般矛盾、利益冲突协商解决。必要时也可邀请居民区党组织负责人、社区民警、街道办事处司法机构人员参加。听证会是指政府有关部门或居委会在社区实施项目或涉及居民切身利益重大事项时，由居委会组织部分社区成员代表召开会议，广泛讨论，并提出具体意见。评议会是指居委会组织小区成员代表对相关政府部门派驻机构以及物业、居民事务工作站工作进行考核评议。1999 年，上海浦东新区开展居委会直接选举试点。同年上海市人大决定，从 2000 年开始，在全市范围内逐步展开居委会直接选举。2012 年，上海市居委会直接选举比例已经上升到 97%。

在基层实践基础上，上海总结提炼出了“以响应居民需求为目标、以社区为服务平台、以社会组织为服务载体、以社会工作为服务手段”的三社联动机制。2002 年，市委出台了《关于进一步推进本市民间组织参与社区建设和管理的意见》，提出“将民间组织作为社区建设的重要组织载体”，加快“社团进社区”的步伐。2007 年，市政府出台了《关于完善社区服务促进社区建设的实施意见》，提出“培育发展民间社区公益性组织”。2009 年，市政府出台了《关于鼓励本市公益性社会组织参与社区民生服务的指导意见》，明确给予社区公益性社会组织包括房租补贴、公用事业收费优惠等 13 类扶持措施，鼓励社会优秀人才和合格的社会工作者投身公益性社会组织，鼓励公益性社会组织从业人员参加社会工作职业资质考试。

社会组织

1978 年改革开放以后，上海民间组织曾出现一波结社高潮。1981 年上海各类社团仅有 633 个，至 1989 年年底，全市社会团体总数已发展到 4300 个，其中学术性团体 1348 个、人民群众团体 831 个、经济类团体 317 个、社会公益团体 380 个、文艺团体 313 个、体育类团体 477 个、宗教类团体 50 个、其他团体 584 个，年均增长率高达 72.41%。[9]

1989 年，国务院颁布《社会团体登记管理条例》，明确实行登记机关与业务主管单位双重管理体制。1998 年又颁布了经过修改的新《社会团体登记管理条例》，进一步完善了双重管理体制。期间还提出，要对原有社团进行清理整顿和核准登记。20 世纪 90 年代，上海按照“总量控制、结构调整、完善政策、依法管理、有序发展”的方针，严格控制社会组织发展，从而使得社会组织数量呈现出负增长态势。截至 2001 年年底，上海全市共有社会组织 3878 个（其中社会团体 2263 个、民办非企业单位 1700 个、基金会 49 个），比 1989 年减少了 412 个。

进入 21 世纪后，经济体制改革和对外开放的进一步深入，政府职能转变以及社会结构的日益多元，人口老龄化和人民对社会服务需求的提高，为社会组织发展提供了广阔的发展空间。上海民间组织发展迅速，截至 2007 年年底，全市注册登记的民间组织已达 8366 家，其中社会团体 3234 家、民办非企业单位 5049 家、基金会 83 家。

2005 年以来，上海积极探索建立“以政社分开为前提，以政府职能转变为基础，以政府购买服务为纽带”的新型政社合作关系。2006 年通过的上海“十一五”规划纲要提出“推进社会组织健康发展”。2007 年，上海市党代会首提“重视发挥社会组织在参与社会管理中的重要作用，善于运用社会资源改进社会管理”。2009 年研究制定《关于进一步加强本市社会组织建设的指导意见》《关于鼓励本市公益性社会组织参与社区民生服务的指导意见》，重点推进了以下四项工作。

（1）明确分类指导的工作策略。对六类社会组织区别对待，重点鼓励发展有利于改善民生、提高公共服务水平的社会组织。

（2）提出了扶持社会公益组织发展的政策。政府部门切实转变职

9. 陆晓文《上海社会发展与变迁：实践与经验》，上海社会科学出版社，2008 年，119 页。

能，将事务性、服务性工作和部分社会管理工作委托社会组织来承担，同时探索政府购买社会组织服务的机制。2009 年起，市民政局拿出部分福利彩票公益金，采用“改拨为招”的方法，通过公益创投和公益招投标，鼓励社会组织去响应社区需求，创新服务模式，培育服务品牌。初步形成了从公益创投到公益招投标、再到政府购买社会组织服务的公益项目培育机制。2012 年，市财政局研究制定了政府购买公共服务项目预算管理暂行办法和政府购买公共服务项目目录，政府购买社会组织服务在各级政府部门普遍推开。2015 年，市政府出台了《关于进一步建立健全本市政府购买服务制度的实施意见》，提出“政府购买服务所需资金应列入财政预算，从既有财政预算中统筹考虑和安排”。

（3）探索枢纽型社会组织管理模式。作为首批试点单位，早在 2006 年 8 月普陀区委下发了《民间组织枢纽式管理试点工作的意见》，依托区和街道（镇）两级民间组织服务中心建立管理枢纽，按照分散组织由所在的街道（社区）、镇进行属地管理、特殊组织由区民间组织服务中心进行统一管理的原则，300 家社会组织（主要是民办非企业单位）由街道（镇）民间组织服务中心进行归口管理。2007 年静安区成立了静安区社会组织联合会，之后又相继成立了 5 个社区（街道）和劳动、文化、教育（系统）社会组织联合会，形成“1 + 5 + X”枢纽模式，把同性质、同类别、同领域的社会组织联合起来，实行枢纽式管理。枢纽式管理就是在政府管理部门和社会组织之间设立一个组织载体，使其成为“加强党建工作的支撑、完善双重管理的依托、凝聚团体会员的载体和实现合作共治的平台”。

（4）建立公益组织孵化基地。社会组织孵化器是指在一个集中时空内，由专业团队为初创期的社会组织提供一系列的支持，帮助其尽快发展和成长。一是硬件支持，提供免费或低偿的办公场地、会议场所、办公设备、展示空间；二是资金支持，为初创期草根组织提供行政经费资助、项目资助和贷款；三是能力提升，举办培训活动，邀请资深专家进行有针对性的辅导，机构间经验分享和沟通交流等。社会组织孵化器通常采取“政府主办—民间运营”模式。一般是政府提供场地和资金，民间组织提供孵化培育的专业人员和服务。

2010 年，上海市委市政府出台“关于进一步加强本市社会建设的若干意见”，把“构建社会组织发展体系”列为社会建设的总体目标任务之一。2011 年，市委、市政府印发《关于进一步加强本市社会组织建设的指导意见》，鲜明提出“尊重社会组织主体地位”，推动加大政府职能转变力度，建立政府购买服务机制。2012 年，上海市党代会又提出“培育发展社会组织，理顺管理体制，加强分类指导，鼓励支持各类社会组织参与社会管理”。2013 年，市政府出台了《上海市社会组织直接登记管理若干规定》，对公益慈善类、城乡小区服务类等四类社会组织实施直接登记管理（图 4.1）。

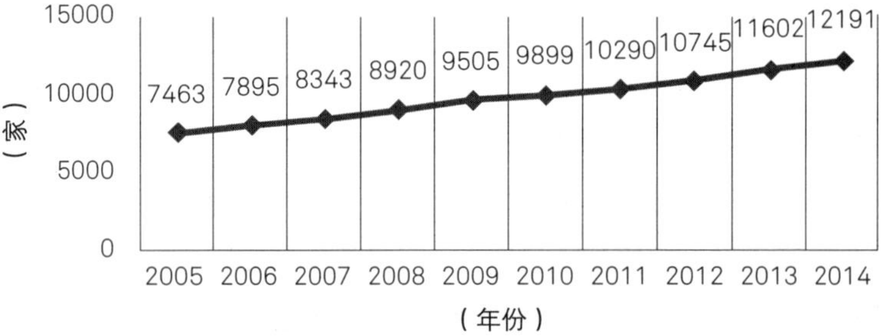

图 4.1 2005—2014 年上海社会组织的数量变化情况

资料来源：杨雄、周海旺《上海社会发展报告（2015）》，社会科学文献出版社，2015 年，107 页。

上海社会组织已遍布城乡，涉及国民经济各个行业、社会生活各个领域，初步形成门类齐全、层次不同、覆盖广泛、功能较强的社会组织体系。大量社会组织在整合社会资源、提供公益服务、增进社会福利，协调社会关系、化解社会矛盾、维护社会稳定，疏通民众利益表达管道、参与公共事务和社会管理等方面发挥了独特的作用。

公共参与

20世纪90年代的上海，有一个显著的特征：传媒常常开展大讨论，吸引公众参与，发动他们积极投身到改革实践中来，把改革看做是自身的事情。

1991年12月11日，一位名叫“巍澜”的读者来信，异乎寻常地刊登在中共上海市委机关报《解放日报》的头版头条：能不能在贵报上开展一场题为“90年代上海人”的讨论，讨论的范围可以是广泛的，比如上海人的历史责任、上海人的精神风貌、上海人的效率和节奏、上海人应该发扬哪些优点摒弃哪些缺点，等等。上海人的事要靠每一个上海人来办，上海人的明天需要每一个上海人付出心血和劳动。从这个观点出发，相信讨论对于振奋上海人的精神，对于上海未来的发展，都将是有益的。

《解放日报》为此配发的编者按中写道：“90年代是祖国振兴的关键十年，同样也是开发浦东、振兴上海的关键十年。90年代上海的振兴、发展，归根到底要靠全体上海人民的团结奋斗。90年代上海人该具备什么样的风貌与精神、确立什么样的观念与作风，上海人该树立何种形象等，确实是每一个上海人都应认真思考的大问题。”于是一场大讨论开始了。十年之后的世纪之交，又开展了面向新世纪的上海人精神大讨论。[10]

在上海，对涉及城市建设的重大举措、涉及市民切身利益的重大政策，市委、市政府总要主动征求专家和市民意见，听一听群众的声音。让老百姓“知情、理解、支持、参与”，从而疏导了民怨，赢得了民心，培养和造就了最广大的支持者，“这就是上海十年改革开放与发展之所以能在平稳中有序中不断取得突破的关键所在”。[11]

1990年12月，上海新闻媒体公布了上海住房体制改革实施方案

10. 康燕《解读上海》，上海人民出版社，2001年，31页。
11. 康燕《解读上海》，上海人民出版社，2001年，145页。

（草案），在全市市民中进行了大讨论。全市 80%的职工和居民参加了讨论。从交给市民讨论到最后定稿，在两个多月的时间里，先后作了 19 次较大的修改，并将每次修改的情况在报纸上公布。通过讨论提高了市民对房改意义的认识和参与意识，为顺利进行房改奠定了良好的群众基础。有关部门曾对全市职工做了 1%的抽样调查，结果表明赞成者占 84.6%。[12]

1996 年公交改革，全上海的报纸、电视、电台开足马力，使出十八般武艺，将公交改革的意义、主张和做法广为传播，使这次改革成为街谈巷议、家喻户晓的热门话题。上海市副市长夏克强甚至在公交车上，向乘客宣传公交事业改革。[13]

除了集中大讨论外，1992 年，上海人民广播电台制作并播出名为“市民与社会”节目。节目内容涉及时政、文化、体育、城市建设、环境保护等，都是关于城市发展的公共事务问题，与市民的个人利益存在直接的关系。节目邀请对于特定话题熟悉的党政领导和专家学者、与话题有直接关系的权威人士，为市民深入浅出地讲解问题，并回答市民提问。上海市民听众对各种各样的话题都非常关心，积极参与，在节目中提出自己的意见和建议，其中很多经过政府机关部门的调查研究付诸实施。2012 年，为最大限度地满足市民咨询、求助和反映问题需要，上海对过去的众多热线电话进行了整合，设立了“12345”市民服务热线，方便了市民和政府的互动。

上海最新一轮城市总体规划可以说是公共参与的典范。在编制工作序列中，专门设立了公众参与小组来做好城市总体规划编制中每个阶段的公众参与工作。正是在细致的方案谋划、团队保障和机制设计下，规划在公众参与方面实现了从启动之初的 1 万，到刚要公示时的 10 万，再到成果公示时的 100 万的“三级跳”。通过不懈的公众参与宣传和行动举措，城市总体规划逐渐从技术性文件变为全社会共同热议的焦

12. 康燕《解读上海》，上海人民出版社，2001 年，146 页。
13. 康燕《解读上海》，上海人民出版社，2001 年，138 页。

点，民情被广泛了解、民意被充分吸纳，未来也将促进实施（图 4.2）。

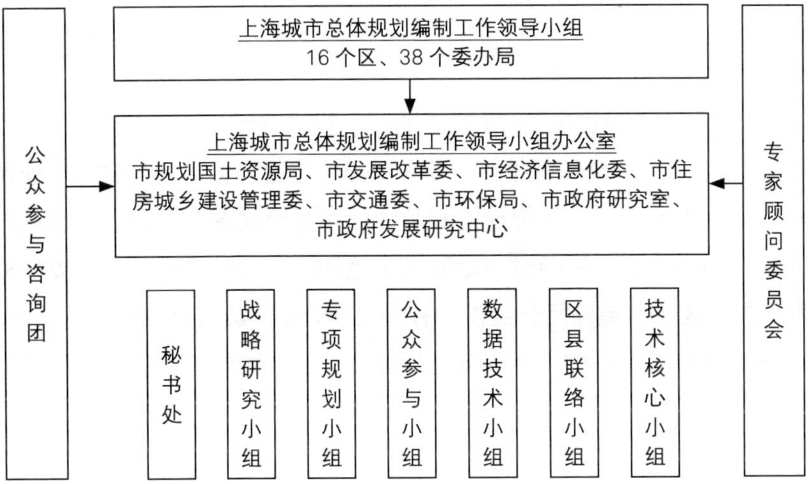

图 4.2 上海新一轮城市总体规划组织架构示意图

资料来源：石崧《〈新城市议程〉视角下的中国城市总体规划转型》，《规划师》2017 年 12 期，9 页。

全球化与城市治理

作为研究全球城市最有影响力的一名学者、社会学家，萨森（Saskia Sassen）认为，全球城市并非简单遵循经济逻辑，而是与城市所处具体地点、地方空间、内部动态和社会结构紧紧联系在一起。全球城市功能在相当程度上要通过当地制度环境和法律、行政框架才得以形成和发展。为了营造国际化经济和社会发展环境，具有全球视野的人才、跨国企业和国际机构。上海努力构建符合全球城市特点的治理体系和治理模式。

简化行政流程，改善政府工作效率

由于行政效率不高，1988 年以前，外商在上海投资 100 万美元项目需要经过许多个政府部门审批，要盖 100 多个图章。1984 年 7 月，市政府建立利用外资联合办公会议制度。1988 年 6 月，为简化投资审批手续、提高办事效率，按照时任市长朱镕基要求，建立具有综合性和权威性的外商投资管理机构——上海市外国投资工作委员会，实行“一个机构、一个窗口、一个图章”。市外资委负责审批 500 万美元以下的限制性外商投资项目和 500 万 ~ 3000 万美元的外商投资项目，为外商投资者提供介绍投资环境、推荐中方合作伙伴、政策和法律咨询等行政服务，协调解决外商投资企业在筹建和生产经营中遇到的重大问题。

中国加入 WTO，对深化地方政府管理体制、促进政府管理水平提高提供了强大的推动力。在《中国加入 WTO 对上海经济的影响及对策研究》中提出，继续扩大对外开放，加快经济体制改革步伐，建立健全相应的法律法规，充分运用 WTO 的规则对发展中国家的保护条款，趋利避害，积极争取加快发展的主动权。时隔不久，上海市政府 WTO 上海行动领导小组宣布成立，并草拟了《关于中国加入 WTO 上海行动计划纲要》，就充分发挥政府各职能部门合力提出了总体要求和具体部署。还组织专家编写出版了《WTO 与地方行政管理制度研究》，以全面开放促进行政体制改革，塑造与国际通行规则接轨的行政管理体系。1999 年，上海成立外国投资促进中心，这是中国第一个有政府背景的专业投资促进机构。

努力和国际接轨，建立健全相应法律法规

改革开放后，为适应对外开放的需要，政府组织力量对原有涉外经济法规进行全面清理，制定了《上海市关于鼓励外商投资的若干规定》《上海市三资企业申请的审批规定》等地方性法规。1986 年，《上海市关于鼓励外商投资的若干规定》出台，在减免税收、降低费用、保障外商投资企业经营自主权方面提供了优惠条件，并进一步完善了利用外资的管理和服务体制。1988 年，上海虹桥开发区土地使用权有偿转让采取国际招标，相应地颁布了 20 多个涉及外资的地方性法规。1996 年 10 月，上海在全国率先发布《上海市外商投资企业审批条例》，为外商提供公正、透明、稳定的法制环境。1997 年完成了《对外经济贸易立法框架》（初稿）。加入 WTO 后，上海进一步清理地方性法规，加强外商投资法规建设，营造与国际接轨的投资环境。

创设上海市市长国际企业家咨询会，吸取国际经验和世界智慧

20 世纪 80 年代中期，汪道涵从当时的职务上退下来后，就提出组织“上海发展国际咨询会”设想，曾两次邀请国际著名城市市长、世界顶级经济学家、跨国企业集团的 CEO 等共同为上海的建设和发展出谋划策。1988 年，时任上海市市长朱镕基接受中国国际投资信托公司常务董事经叔平建议，创设上海市市长国际企业家咨询会，邀请国际金融业巨子、“财富 500 强”前 50 位中的若干大公司 CEO 共二十余位商业领袖，每年聚焦上海发展中迫切需要解决的重大问题展开研究与讨论，为上海发展献计献策。上海市市长国际企业家咨询会几乎涉及上海国际化大都市建设、发展和管理的各个领域，成为上海市政府名副其实的“国际智囊团”。

“一座城市的市长请外国城市市长、企业家和专家学者提建议，这是很有开拓性的行动。会议好就好在上海市市长可以听到世界各地许多国家、城市和企业的不同声音，他们的成功经验和教训，对上海向国际大都市迈进，是一笔宝贵的财富。”[14]

1998 年 11 月，上海市市长国际企业家咨询会迎来第十个年头，时任市长徐匡迪在专题总结咨询会议收获时认为，近年来上海发展的许多思路，都受到了咨询会议成员们真知灼见的启发。

建设国际社区

国际社区可以定义为大量不同国籍人士汇集的，在建设、规划、治理和服务上能达到国际标准的，多元文化融合的生活居住区。[15] 由

14. 康燕《解读上海》，上海人民出版社，2001 年，107 页。
15. 文婷等《上海国际社区需求特点和规划原则初探》，《现代城市研究》2015 年 5 期，17 页。

于人口构成以及文化的差异，上海的国际社区与本市其他社区具有明显的差异。[16]

（1）居民流动性较大。国际社区以租户居多，很多居民因为职业流动经常搬家，他们在社区内居住的时间长短不一。有的境外人士虽然购买了国际社区的住宅，但由于自己不常住或有更佳选择，往往将房屋转租他人。

（2）社区配套设施和物业服务比较到位。国际社区的房产档次和价位普遍较高，具备完善的配套设施，如室内游泳池、室内健身房、网球场、幼儿游乐场、酒吧、超市、饭店以及相配套的国际学校等。对业主多元化的需求，物业公司基本上做到有求必应。

（3）居民对安全、隐私有较高的需求。国际社区的居民来自不同的国家和地区，虽然文化背景呈现多元化和差异性，但对社区环境的价值取向基本一致：希望拥有安全、尊重隐私、独立、环保、和谐、舒适的社区环境。他们最看重的，一是安全，二是对个人隐私和不同文化习俗的理解和尊重。

（4）与当地政府的关系相对疏远。国际社区自成一体、相对封闭，拥有独立而完备的文化、娱乐、休闲、体育和生活设施，物业管理和社区服务非常周到，门禁系统相当完善，进出管理非常严格，与地方政府的关系远不如一般社区那样紧密。

（5）人口规模比一般社区小。由于对社区的绿化率、生态环境、配套设施、居住空间等有较高的标准和要求，国际社区的人口密集度一般较低，相当一部分国际社区的居民在200户左右，有的仅有几十户。

国际社区居民权利意识强，强调法治、隐私、自主以及对社区服务需求具有品质高、多元化的特点，对地方政府管理带来很大挑战，传统的居委会工作方式为此进行了适应性调整。

16. 李友梅《上海社会结构变迁十五年》，上海大学出版社，2008 年，89 页。

第 5 章
上海社会

移民城市

移民类型

近代上海是典型的移民城市。1843 年上海开埠之初，包括县城内、城郊及各个村镇在内人口不足 25 万。其后，移民致使上海城市人口数量迅速膨胀，1883 年超过 50 万，1930 年超过 300 万，1942 年已达 392 万，1946 年达到 546 万。至 1949 年上海解放，上海市人口又增加到 554 万，其中非本地籍人口有 471 万，占总人口的 85%。

新中国成立后，实施严格的户籍管理制度，鼓励迁出，限制迁入，以致上海作为移民城市的性质逐渐消失。改革开放之后，随着中国经济的市场化改革，浦东的开发开放，上海人口流动和人口迁移加剧。上海作为“移民城市”的特点表现得越来越明显。

上海流动人口增长始于 20 世纪 80 年代，但真正大规模增长是在 90 年代，尤其是邓小平南方讲话、浦东开发开放及上海日益成为中国经济发展的龙头之后。

据上海市统计局和公安局相关统计，1988 年上海市流动人口有 106 万，1993 年迅速增长到 251 万，1997 年略减到 237 万，2000 年上升到 387 万，2003 年达到 499 万，2005 年年底进一步增长到 581 万。[1]2010 年六普数据显示，上海常住人口已达 2301.9 万，其中外来常住人口为 897.7 万。2013 年底，上海常住人口达 2415 万，外来常住人口 990 万，占比 40.99%（图 5.1）。

20 世纪 90 年代，出于改革开放之后上海快速发展的需要，上海市委、市政府提出“控制人口，不控制人才”，逐步加大人才引进力度，出台了一系列吸引高级、专门、急需人才的政策法规。1992 年，上海市推出工作寄住证制度，持证的引进人才可以在上海就业，只是持证人员不能享受子女就读、社会保障等待遇。

1. 卢汉龙《关注社会政策》，社会科学文献出版社，2007 年，315 页。

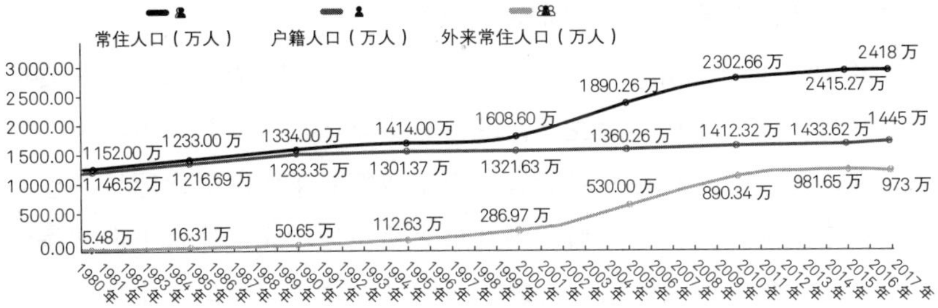

图 5.1 1980—2017 年上海人口变化情况

资料来源：上海市规划和国土资源管理局《上海 2035——迈向卓越的全球城市》，上海科学技术出版社，2018 年。

1994 年，上海颁布《上海市蓝印户口管理暂行规定》。按照该规定，有三类人员可在上海市登记蓝印户口：一是在上海市有固定合法住所，并有规定数额的投资（20 万美元或 100 万元人民币），其项目竣工投产或营业两年以上者，其本人（境外投资者除外）或其亲属或其聘用的外省市来沪人员可申请 1 个蓝印户口，每增加 1 倍投资额的，可再申请 1 个蓝印户口；二是境外人士在上海市购买的外销商品住宅，建筑面积为 100 平方米以上的，购买者或其配偶的直系亲属或三代以内旁系亲属，可申请 1 个蓝印户口；三是外省市来沪人员，在上海市有合法住所，并具有管理能力或工艺技能，被上海市 个单位连续聘用 3 年以上，且有工作实绩的，可申请蓝印户口。取得蓝印户口簿 5 年以上的，可向公安机关申请上海市常住户口。

2000 年，上海市人事局和社保局联合推出了《引进人才工作证》制度，解决了外来人才的社会保障问题。2002 年，上海推出《上海市居住证制度》，申请对象为那些在上海居住半年以上，有合法住所、稳定收入和职业，具有本科或者以上学历的人，或者具有特殊才能的国内外人才。凡符合条件的外来人才经过审核领到居住证之后，可以享受与上海市民同等的待遇。持证者同来上海的配偶和未成年子女可以申领副证，享受与持证者同等的待遇。

2004 年，上海市推出新的居住证制度，将“门坎”放低为只要在上海具有稳定工作和稳定住所，既签有半年以上劳动聘用合同或办理了工商执照，同时又在上海拥有产权房或签有半年以上房屋租赁合同的外省市来沪人员，并且强调由外来人员自愿申领。这样上海将居住证的适用对象从原来的引进人才扩大到“在本市居住的非本市户籍的境内人员”，在全国率先实现了“居住证制度”的平民化。

上海开放的人才政策、广阔的发展机遇和创业空间，吸引了国内外大量的高级专业技术人员、高级白领和投资创业者。据有关学者估算，2004 年以后大约每年有 20 多万白领移民进入城市，而且众多数据都显示白领移民的数量每年都在增多。

改革开放之后的上海，是中国经济最发达、融入经济全球化最深、最具国际化的大城市。因此除来自祖国大陆各省市自治区移民之外，还有大量在上海生活的海外移民。所谓海外移民，既包括来自我国港澳台地区的移民，也包括来自世界多个国家的外国移民。其中来沪的外国移民大多是以商务经营和经济活动为主要动因，由企业和公司派遣为主，以短期和中长期居留为主要迁移类型并频繁地往返于两地之间，成为典型的往返性移民和巡回性移民（表 5.1）。[2]

表 5.1 主要年份在沪外国常住人口（单位：人）

类别	2005 年	2010 年	2012 年	2013 年
按国别（地区）分				
日本	27812	35075	39091	37671
韩国	14047	21073	20456	20578
新加坡	5547	7545	6935	6717
德国	4591	8023	8680	8948
英国	2904	5591	6196	6457

2. 何亚平《上海跨国迁移与流动人口研究》，《上海交通大学学报》2007 年 2 期，59 页。

续表

类别	2005 年	2010 年	2012 年	2013 年
加拿大	4279	7306	7669	7832
美国	14329	24358	26000	26279
澳大利亚	3729	6165	6545	6917
法国	4181	8238	9472	9828
按人员类别分				
留学人员及家属	10224	16064	14467	6067
驻华机构代表及家属	9769	8933	6174	4285
外资企业工作人员及家属	60137	95623	95303	89468
外国专家级家属	4586	6638	7528	7580
永久居留外国人		948	1587	1886
半年以上长期签证外国人		2230	54	20

资料来源：《上海统计年鉴（2014）》，中国统计出版社，2014 年，37 页。

移民社区

移民偏好聚居，世界各地皆然。[3] 移民的聚居性带来了移民社区的形成和发展。

在上海城郊结合部及远郊部分地区形成了大量的外来人口（农民工）聚集区。有学者将流动人口聚居区划分为自发聚居、简易安置、集中安置三种类型。流动人口自发聚居区居住环境恶劣、公共服务缺乏，聚居者之间沟通较少，社会矛盾突出；简易安置的流动人口聚居区，尽管物质条件简陋，但管理规范、配套有基本生活服务设施，居住群体之间有较强的认同感，聚居区治安状况、邻里融洽度均较好；而集中安置的聚居区居住环境较好，服务设施完善，且聚居人员文化背景趋同，较易形成认同感（表 5.2）。[4]

3. 龙登高《跨越市场的障碍：海外华商在国家、制度与文化之间》，科技出版社，2007 年，57 页。
4. 罗仁潮、王德《上海流动人口聚居区类型及其特征研究》，《城市规划》2009 年 2 期，31 页。

表 5.2 流动人口聚居区类型特征比较

<table>
<tr><th>聚居类型</th><th>基本特征</th><th>子类划分特征</th><th>发展前景</th></tr>
<tr><td rowspan="2">自发聚居</td><td rowspan="2">总体特征
位于城郊结合部的居民点，方便生产生活，降低生活成本，获取更多的就业机会
物质环境
1. 房屋多为私人住房改造或居民自行搭建
2. 房屋通风采光条件差，厨卫设施缺乏，使用不便
3. 聚居区内住房拥挤，环境卫生条件恶劣
服务管理
组织松散，难以实行有效管理，治安案件高发区
聚居人群
1. 普通流动人口，人员流动性强
2. 流动人口文化背景差异较大，内部分异明显，难以形成认同感
3. 社会交往仍以传统差序格局为主，呈“大混居，小缘聚”，对城市生活融入性差</td><td>就业型——就近工作的聚居区
1. 靠近就业场所，如劳动力密集型工厂、大型批发市场、交通节点（火车站、码头、汽车站）
2. 居民均为普通流动人口，人员流动性强
案例：嘉定区江桥镇沙河村、闵行区七宝镇九星村</td><td>聚居场所多为城市门户地区，土地功能调整具有不确定性，受城市扩张影响较大</td></tr>
<tr><td>居住型——交通便捷的聚居区
1. 主要区位有：公交线路汇聚站点周边、地铁站周边，可达性较好
2. 租金低廉、房源充足
3. 居民均为普通流动人口，人员组成复杂，最大特征是混居
案例：嘉定区真新街道新郁社区、地铁 1 号线莘庄站周边地区</td><td>由于城市开发建设条件成熟，为城市主要的拓展区，空间存续的稳定性较差</td></tr>
<tr><td rowspan="3">简易安置</td><td rowspan="3">总体特征
规模相对较小，投资经营形式灵活多样，面向普通流动人口，管理规范

物质环境
建筑结构简单，造价低，居住环境单调，房屋租金便宜

服务管理
有组织管理机构，登记检查严格，管理规范，治安环境较好，提供简单的职业介绍、维权服务，有基本的生活配套设施

聚居人群
不同类型聚居区人群文化背景差异较大，但均居住时间较长，流动性较弱，易形成认同感</td><td>福利型——政府 / 集体投资运作的安置区
1. 多位于城市化较为成熟的地段
2. 居民居住时间相对较长，流动性弱，易形成认同感
案例：普陀区桃苑小区、钦洋镇流动人口大院</td><td>经济回报低，未来变数较大</td></tr>
<tr><td>配套型——政府 / 企业投资，自己经营或外包经营的安置区
1. 为经营场所的一部分
2. 租金较低，与经营摊位费统一收取
3. 居民为市场的经营者，流动性较弱，认同感强
案例：闵行区七宝镇九星市场</td><td>与经营场所捆绑相对稳定</td></tr>
<tr><td>引导型——政府牵头，充当企业与出租户的媒介，统一管理、统一租赁的安置区
1. 位于郊区工厂周边的村庄
2. 租金有企业统一交付
3. 居民均为附近企业职工，易形成认同感
案例：嘉定区南翔镇浏翔村、马陆镇樊家村</td><td>充分利用农村旧住宅，较为稳定</td></tr>
</table>

续表

聚居类型	基本特征	子类划分特征	发展前景
集中安置	总体特征 以城市居民小区形式建设的大型流动人口廉租住宅，资金投入大，环境优美，配套齐全，管理规范 物质环境 建筑质量较高，居住环境优美，设施配套齐全，生活方便 服务管理 采用小区规范的物业管理模式，治安环境良好 聚居人群 1. 居民多为工厂工人，人员构成相对稳定，且年轻人多，文化背景趋同，容易交朋友，较易形成认同感 2. 是流动人口最终融入城市的重要学习、过渡阶段	工业园区集中安置区 1. 多位于城郊结合部或郊区城镇，依托劳动力密集型工厂 2. 政府主导，提供土地，统一物业管理 3. 用工企业整体包租，参与管理 案例：嘉定区马陆镇永盛公寓	政府提供廉价土地，维持房屋低租金是集中安置区存在的关键
		村集体建设的集中安置区 1. 郊区农村，依托劳动力密集型工厂 2. 村集体主导，提供土地（流转地），统一物业管理 3. 用工企业整体包租（参与管理）或零租给流动人口 案例：嘉定区马陆镇樊家村育绿小区	聚居区为新建公寓式居住小区，用地属性较为稳定，但低租金是其取得持续受益的前提

资料来源：罗仁潮、王德《上海流动人口聚居区类型及其特征研究》，《城市规划》2009 年 2 期，31 页。

浦东的联洋社区是一个典型的中产阶层移民社区。在 20 世纪 90 年代，处于城乡结合部的联洋社区还是一大片农田。此后，随着浦东地区急剧的城市化、现代化进程，从 1999 年开始，逐步开发成为面积 250 万平方米、以高层和小高层为主、具有代表性的集中规划的中高档新型社区。作为一个全新的中产阶层移民社区，联洋社区具有如下一些特征。

（1）完全以现代化国际化的面貌展现，地方特色的商铺在这里绝迹，邻里中心集中的是各类国际国内连锁的商铺、餐馆、健身中心、休闲场所。提供给业主的不仅是单纯安静和谐、与生态融合的物质空间，还有供交流互动的公共空间，在此举办多种形式的文化活动，营造一种人文环境。

（2）从社区人口组成上看，联洋社区近六成居民来自国内其他省市，三成左右来自港澳台以及国外，上海本地居民仅占一成左右。“来自五湖四海、世界各地”，既是居民社区生活的体会，也包含了这些居民内心的自豪感。

（3）普通话取代上海话成为联洋社区日常生活中共同使用的语言。在联洋社区的各种正式或者非正式的公共场合中，居民习惯性地使用普通话交流。共同的语言，从一开始就形塑了更为平等的社区关系。

（4）共同治理的法治社区。面对社区生活中的大小事务，来自五湖四海接受过现代高等教育的社区成员，表现出了强烈的民主法制意识、维权意识以及共同治理的心愿。在中国普遍的城市社区参与不足之中，展现出一种充满生机和活力的社区参与场景。

（5）联洋社区是开放而又多元的社区。作为新上海人，联洋社区成员都很愿意接受新的事物、学习新的知识，也认可具有异质性的社会现象、地方习俗、文化以及价值观念。

伴随着经济全球化、城市国际化、境外人员的增多，上海国际社区已经形成并日益扩张。上海最早的国际社区是位于长宁区虹桥街道的古北国际社区。1986 年，经上海市政府批准，长宁区率先在古北兴建了一批欧式风格的高级住宅，吸引了大批来沪工作的境外人士。这里一度居住着来自美国、日本、韩国、法国等 34 个国家和地区的 4000 余户居民，此外还有大约 4000 多名台胞。随着境外人士的集聚，餐厅、娱乐、购物、健身、酒吧、主题式商业设施逐渐完善，形成了闻名上海的古北国际社区，其中以亚裔人士和小型外资企业老板为多，社区氛围具有亚裔文化特征。

进入 20 世纪 90 年代，随着浦东的开发开放，大量外来投资、国际资本和跨国公司相继涌入，境外居民数量迅速增加，在上海形成又一个国际社区聚集区。这些国际社区分布在黄浦江边、世纪公园周边、世纪大道两边，以及陆家嘴金融区、金桥出口加工区、张江高科技园区、外高桥保税区。其中欧美人士的比例相对较高，职业也以在跨国公司供职的高层为主，文化上带有欧美文化的特征。

移民政策

近代上海一直处于自由移民的状态，租界当局和上海县政府都未曾明文规定禁止移民入沪。1927 年上海特别市政府成立后，开始对常住居民进行登记。新中国成立初期，政府实行自由的人口迁移政策，允许居民在城乡间或城镇间自主迁移。1954 年年底上海开始对居民户口进行严格管理。1955 年制定了限制外地人口流入的六项具体措施。1958 年起在户籍上严格限制外来人口迁入，并通过各种行政动员方式组织上海工人、技术人员和管理人员迁往内地。由于迁出（1949—1982 年的 33 年间，全市累计净迁出 74.54 万人）远过于迁入，以致上海作为移民城市的特点和优势消失殆尽。[5]

20 世纪 80 年代，上海放宽暂住人口在城市滞留时间的限定。随着 90 年代外来流动人口规模达到高潮，上海外来流动人口管理的政策法规不断出台，包括劳动力使用、私房出租、健康检查和防疫、计划生育、收容遣送、管理服务费的征收和使用、治安管理等各个方面。

进入 21 世纪之后，适应社会经济发展的需要，20 世纪 90 年代出台的一些流动人口管理政策如收容遣送制度、对外地人员务工经商的限制政策、房屋租赁治安许可政策等被废除，流动人口不再仅作为管理和控制的对象，政府考虑的重点转向如何保护流动人口的合法权益，如何为他们在城市的生活和工作提供更好的福利和服务。

自 2002 年 9 月起，上海在全国率先施行《上海市外来从业人员综合保险暂行办法》。2003 年上海拟定《关于做好进城务工就业农民适龄子女义务教育工作的若干意见》（试行），不仅提出进城务工就业农民子女义务教育工作由流入地的区县政府管理为主，在全日制公办中小学为主，而且更明确了进城务工就业农民子女在上海读书的缴费是按照物价部门核定的上海市义务教育阶段收费项目和收费标准收取费用，并且对家庭确有经济困难的学生，可以采取分期付款或减免

5. 葛剑雄《上海还需要移民吗》，《探索与争鸣》1997 年 4 期，31 页。

杂费、书簿费等办法。从 2004 年起，上海逐步加大了公办学校接纳外来人口子女的力度。同时，通过规范与扶持相结合的政策，加大对农民工子女学校的扶持力度，改善学校的办学条件，提高教育质量。目前外来农民工子女可以在上海上学到初中毕业，毕业后可以参加上海职校考试。

2013 年 7 月，上海开始实施居住证积分管理办法，以“两个合法稳定（合法稳定就业、合法稳定居住）”，将就业年限、社保与享受公共服务结合起来，从而优化人口结构，吸引年轻专业技术人员。不过，由于从上海城市可持续发展和全国城乡一体化协调发展的需要看，外来普通劳动力的定居趋势不可逆转，而且社会劳动力层次共生结构也决定了，上海固然需要尖端人才，但事实上更需要大量服务业、制造业的普通劳动力，应本着体现社会公正与人本内涵的精神，突破政策和体制上的限制，在城市全面融合外来人口有承载力风险的前提下，通过“融入门槛”设置，建立具备一定筛选功能的机制来解决城市所需的结构性劳动力的身份转化问题（表 5.3）。[6]

表 5.3 “上海市居住证积分管理试行办法”积分指标体系及计分规则

分项指标		最高分值	计分规则
基础指标（注：“教育背景”“专业技术职称和技能等级”两项指标二选一进行计分）	年龄	30	持证人年龄在 56—60 周年，积 5 分；年龄每减少 1 岁，积分增加 2 分
	教育背景	110	大专（高职）学历，积 50 分；大学本科学历，积 60 分；大学本科学历和学士学位，积 90 分；硕士研究生学历学位，积 100 分；博士研究生学历学位，积 110 分
	专业技术职称和技能等级	140	取得技能类国家职业资格 1—5 级，分别积分 140、100、60、30、15 分；取得中、高级专业技术职务任职资格，分别积分 100、140 分
	在本市工作及缴纳职工社会保险年限	—	每满 1 年积 3 分

6. 胡琪、高苑敏《完善户口准入机制，平等对待长期在沪居住的外来普通劳动者》，《科学发展》2012 年 2 期，21 页。

续表

分项指标		最高分值	计分规则
加分指标（注：“投资纳税”“带动本地就业”两项指标，二选一进行积分）	紧缺急需专业	30	
	投资纳税或带动本地就业	100	（略）
	缴纳职工社会保险费基数	100	（略）
	特定的公共服务领域	—	就业每满 1 年积 4 分；满 5 年后开始计入总积分
	远郊重点区域	20	工作并居住，每满 1 年积 2 分；满 5 年后开始计入总积分
	全日制应届毕业生	10	
	表彰奖励	110	（略）
	配偶为本市户籍人员	40	结婚每满 1 年积 4 分

资料来源：根据相关资料整理。

在上海建设国际大都市的实践与研究中，越来越多的学者在聚焦国际都市的经济产业、空间规划、功能辐射和国际竞争力等问题的同时，也已经注意到了人口因素对国际都市具有很重要的影响。例如上海人民政府研究中心主任周振华指出，国际经济表明，在培育与建设国际大都市过程中，一个非常重要的内容就是要有意识地构建和形成高级劳动力国际流动模式。熟练的国际劳动力在跨国公司办公网络中的集中与流动，对发挥国际大都市的首要功能特别是先进的服务行业有着积极的促进作用。熟练国际劳动力的移人，不仅是世界城市形成的重要原因，而且也是使世界城市保持劳动力市场全球化的重要因素。上海朝着建设国际金融中心、经济中心、贸易中心和航运中心的目标努力，其主要措施就是对外开放，提高国际化程度，包括吸纳国际熟练劳动力及移民。[7]

7. 周振华《21 世纪的城市发展与上海建设国际大都市的模式选择》，《世界经济与政治》2004 年 11 期，55 页。

都市中产阶层

都市中产阶层的再生

现代意义上的中国中产阶层产生于19世纪末20世纪初，并在20世纪上半叶有了一定程度的发展。[8] 在当时的中国，上海中产阶层无论在构成、规模还是发育程度、群体特征等方面都具有突出的代表性，可以说没有上海的中产阶级文化，上海就不成其为上海，上海就不会有“东方巴黎”之说，也就没有今天现代化的底蕴。[9] 新中国成立之后，中产阶层历经资本主义工商业改造、各种政治运动冲击，逐渐退出了历史舞台，从此作为工人阶级的一分子在新的社会里存在、发展和定位，他们的职责是“为人民服务”[10]。

通常认为，中国中产阶层的再生出现在20世纪90年代。中产阶层之所以能够在中国产生，是与全球化背景下的改革开放，市场化、工业化和城市化的迅速推进，持续的高速经济增长，中国从总体性社会向多元性社会转型，以及精英教育向大众教育的变化分不开的。其结果是在中国传统的产业工人和农民之外，出现了一个新的中产阶层，[11] 它包括：第一，1978年后新生的私营企业家和乡镇企业家；第二，1978年后与私营企业家同时产生的小业主、小商贩等自营业者以及其他形式的个体户；第三，与党和国家机构有连带关系的党政干部和知识分子以及国有企业的领导人；第四，因外资引进而产生的“外企白领”，包括在外资企业工作的中方管理阶层和高级员工；第五，大批企业和社会组织的管理者；第六，因高新技术的采用和新行业的出现而产生的高收入群体和留学回归的创业者、建筑师、律师、会计师、

8. 周晓虹《中产阶级：何以可能与何以可为》，《江苏社会科学》2002年6期，39页。
9. 程乃珊《我眼里的上海中产阶层》，《沪港经济》1997年1期，10页。
10. 连连《萌生：1949年前的上海中产阶级》，中国大百科全书出版社，2009年，419页。
11. 周晓虹《中产阶级：何以可能与何以可为》，《江苏社会科学》2002年6期，39页。

房地产评估师、营销人员、影视制作人、股票经营者以及其他类型的自由职业者（表 5.4）。

不过，由于中国中产阶级内部的高度异质性，有关中产阶级的规模和划分标准并没有一个统一的说法。

表 5.4 中产阶层比例估计及划分标准

年份	著者	论著及发表处	全国中产阶层比例	城市中产阶层比例	划分指标	调查数据及估计方法
1997	张建明、洪大用等	《中国城市中间阶层的现状及其未来发展》，《中国人民大学学报》1998 年 5 期	—	48.5%	（北京市）社会经济指数（文化水平、收入和职业）	北京市抽样调查，数据统计估计
2000	肖文涛	《中国中间阶层的现状与未来发展》，《社会学研究》2001 年 3 期	20% ~ 25%	—	收入及家庭金融资产	无调查数据，主观估计
2001	周晓虹	《中国中产阶级：现实抑或幻想》，《天津社会学》2006 年 2 期	—	11.9%（大城市）	经济条件、职业和文化水平	五大城市电话调查，数据统计估计
2001	李春玲	《断裂与碎片：当代中国社会阶层分化实证分析》，社会科学文献出版社，2005 年	4.1%	12%（大城市）	职业、收入、消费和主观认同	全国抽样调查，数据统计估计
2003	牛津分析	《中国：中产阶级》，《财经界》2005 年 4 月	4.5%	8%	收入及实际购买力	全国抽样调查，数据统计估计
2004	刘毅	《中产阶层的界定方法及实证测度——以珠江三角洲为例》，《开放时代》2006 年 4 期	—	23.7%（珠江三角洲城镇家庭）	收入、职业和消费	珠江三角洲抽样调查，数据统计估计
2005	李强	《关于中产阶级的理论与现状》，《社会》2005 年 1 期	15%	—	职业	无调查数据，主观估计
2006	李培林	《中国中产阶级的规模和认同》，中国社会学会 2007 年年会《中产阶级国际比较论坛文集》	核心中产阶层 3.1%；半核心中产阶层 8.9%；边缘中产阶层 20.9%	—	职业、收入和文化水平	全国抽样调查，数据统计估计

资料来源：李春玲《比较视野下的中产阶级形成》，社会科学文献出版社，2009 年，53 页。

上海白领与新社会阶层

1951年，美国社会学家米尔斯出版了《白领——美国的中产阶级》一书，提出作为中产阶级“白领”的概念，指出随着美国产业结构和社会结构的变化，已出现了一个新的中产阶级；与老中产阶级不同的是，这些人主要是由专业技术人员、各种办公人员、教师、推销员及自由职业者组成。20世纪90年代以来，随着上海城市社会阶层快速分化、社会结构的剧烈变动，出现了新兴白领群体，在上海的职业结构中逐渐占据了一个重要位置。社会学家李友梅对这个群体所处的特殊历史阶段、文化适应、价值取向、与体制之间的结构性分离进行了研究，认为上海白领群体在生成机制和社会文化心理上有其自身的历史传承性，他们有着复杂而多纬的社会心态，与社会管理体制之间缺乏沟通，对国家的社会管理体制缺乏深度认同。[12]

2009年12月，立足于“服务白领、凝聚白领、组织白领、服务社会”的宗旨，通过政府支持、社会化运作、公益性服务的运作模式打造的属于白领的综合性非盈利机构“白领驿家”成立。白领驿家根据白领的“需求、爱好，趣缘”，根据白领“吃、喝、玩、乐、动、衣、食、住、行、医”等特点，积极整合各类资源，构建一个“生活、活动、公益”的服务体系；围绕白领交友、白领缓压、白领公益三大主题打造“缘来驿家人”“驿家心SPA”“公益也时尚”三大品牌；还设计了“心灵驿站、白领学堂、白领公益、白领文化、白领医家、运动休闲、生活时尚、玩转地球”等活动板块。此外，白领驿家还积极探索推广楼宇（园区）立体公共服务平台，开通官方网站、客服电话、短信平台、微博、QQ群和《白领驿家》季刊，有效加强信息发布和交流互动，满足白领多样化、个性化的需求。

通常来讲，新社会阶层包括民营企业中的管理者和技术人员、外资企业的管理技术人员、个体户、私营企业主、中介组织的从业人员、自由职业者。新社会阶层随着改革开放、市场经济的发展，数量越来

12. 李友梅《社会结构中的“白领”及其社会功能》，《社会学研究》2005年6期，107页。

越多，对社会的影响力也越来越大。根据上海市委统战部 2013 年的一项调查，上海的新社会阶层人数目前已超过 440 万人，且增长趋势明显。其中个体工商户约 36 万人、私营企业主约 160 万人、外资企业管理和技术人员约 60 万人、民营科技企业创业和技术人员约 30 万人、中介组织从业人员约 75 万人、自由职业人员约 80 万人。[13]

新社会阶层是改革开放的参与者和受益者，他们认同主流价值观，“是一个充满正能量的群体”。他们希望有良好的创业环境，能够发挥自己的智慧和力量，助推经济社会发展。他们关心、愿意参与社会问题的解决，渴望获得社会参与和政治参与的机会。本着“联系起来、组织起来、活动起来、行动起来、凝聚起来”的原则，2017 年，上海成立新社会阶层联谊会，构建了一个新社会阶层参政议政、服务社会的渠道与平台。

中产阶层的社会参与

一般来说，中产阶层受过良好的教育，具有较强的专业知识背景，对现代化过程中的问题非常敏感。在经济发展、物质需求获得满足后，他们更关心周围生活环境的变化，极力追求高质量的生活品质，也会走出以消费主义来体现其身份的阶段，日益增加对社会问题的关注和对社会的责任。其中有一批人更积极地组织与参与集体行动，并在实践中丰富经验，累积能量，扩大集体行动空间与影响力。

研究非政府组织的著名学者萨拉蒙曾指出，在过去的一二十年中，在世界出现了“全球性的结社革命”，部分基于“对国家自己处理当前面临的社会福利、发展和环境问题能力的疑问而增长”，另外，“还受到过去 20 年通讯革命和有修养的中产阶层的快速膨胀这两方面因素的刺激”。甚至有些学者认为，没有中产阶层，就没有非营利部门的发展。

13. 上海市委统战部课题组《上海新的社会阶层人士现状调查与分析》，《中国统一战线》2014 年 1 期，49 页。

在中国，自 20 世纪 90 年代初以来，一些关心环境的有识之士自发地组织起来，致力于自然资源的保护和环境污染的治理。1994 年中国第一个环保非政府组织“自然之友”成立，1996 年“地球村”“绿家园”相继成立。在这三大环保组织的带动下，各地民间环保组织如雨后春笋般破土而出，活跃于中国的环境保护领域。

在上海，一个非常有名的社会组织就是以同济大学教师刘悦来为首的四叶草堂团队。他们以“人人参与共建共享，家门口的都市桃源”为行动理念，在上海推动实施“社区花园 2040 计划”（表 5.5），计划每年打造 100 个社区花园，到 2040 年在上海建成 2040 个社区花园。截至 2018 年年底，上海由四叶草堂直接参与设计营造的社区花园数量达到 63 个，由四叶草堂支持社区民众自发营造的花园数量已经超过 400 个（图 5.2）。

表 5.5 四叶草堂理事会成员

理事会成员	职务	荣誉与身份	备注
刘悦来	理事长	朴门永续设计专业认证教师 国家注册规划师 泛境 Pandscape 景观设计事务所合伙人 五角场社区规划师	捐赠人
范浩阳	理事	上海泛境景观规划设计咨询有限公司经理 上海留耕文化发起人	捐赠人
魏闽	副理事长	朴门永续设计专业认证教师 国家一级注册建筑师 泛境 Pandscape 景观设计事务所合伙人	捐赠人
易晓武	理事	曾任“自然之友”上海组长 方寸地生态农艺市集发起人	捐赠人
袁清华	理事	设计丰收总经理 方寸地生态农艺市集联合发起人	捐赠人
黎海涛	理事	朴门永续设计专业认证教师 上海乐景运动幼儿园朴门自然课堂顾问 上海阿林果蔬自然农法实践顾问	2017 年 6 月加入
徐玉萍	执行理事	曾任上海创智天地建设项目开发经理 目前专注以永续设计理念为基础的乡村旅游项目	2017 年 5 月加入

续表

理事会成员	职务	荣誉与身份	备注
颜嘉成	名誉理事	朴门永续设计专业认证教师 朴门永续设计专业设计师 花莲县朴门永续生活协会常务理事	2017 年 6 月加入

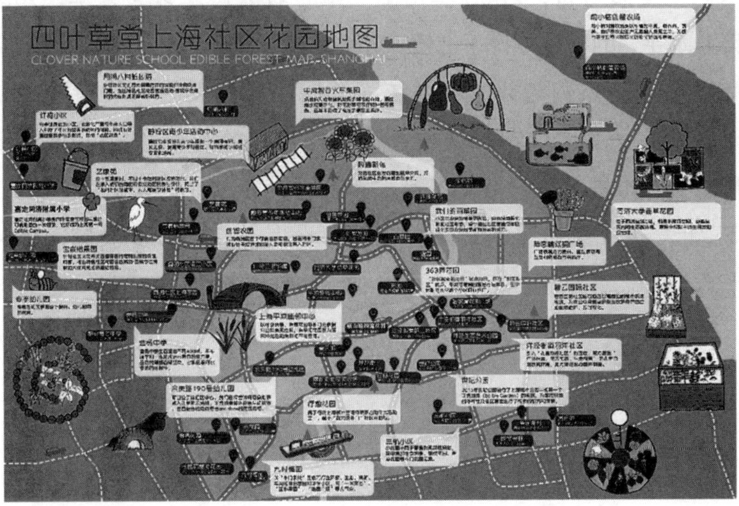

图5.2 四叶草堂上海社区花园地图

城乡一体化

早在 1984 年上海就提出“城乡开通”，1986 年正式提出“城乡一体化”发展方针，2000 年提出“中心城区体现繁荣繁华，郊区体现实力水平”的发展战略。上海城市建设重心转向郊区。2010 年以来，上海制定了一系列与郊区城乡统筹发展密切相关的政策措施：2011 年年底发布《关于本市加快城乡一体化发展的若干意见》；2013 年发布《上海推进城乡一体化发展三年行动计划（2013—2015 年）》；2015 年发布《关于推动新型城镇化建设促进本市城乡发展一体化的若干意见》，并陆续出台与之配套的 21 个政策性文件。

行政区划调整：县改区

20 世纪 50 年代的上海，是当时中国人口规模最大的中心城市之一，但是原有城市辖区的基本格局，郊区空间狭小，耕地面积十分有限，乡村地区难以保障上海市的副食品供应。为解决上海工业发展及市中心城区副食品供给短缺问题，国务院于 1958 年先后将江苏省的嘉定、宝山、上海、川沙、青浦、南汇、松江、奉贤、金山、崇明 10 县划归上海市管辖。随即上海市充分利用区划调整的契机，将原郊区全部撤销，其城市地区并入市区，农村地区并入郊县。由此，上海市完成了郊区的大规模扩张，形成了上海市的基本空间形态与格局。[14]

1988 年，上海决定撤销上海市宝山县和吴淞区，设立宝山区，拉开了上海市区县行政区划调整的帷幕，开创了我国撤县设区的先河。在整个 20 世纪 90 年代，上海加快了撤县建区的步伐。2016 年，随

14. 崔庆仙等《城乡关系变迁中的大都市政区整合与转型：上海案例》，《人文地理》2012 年 1 期，84 页。

着崇明撤县建区，上海郊区所有郊县已经全部转变为区级建制（表 5.6）。

表 5.6 改革开放以来上海区县行政区划调整简表

调整时间	调整区域
1988 年 6 月	撤销原宝山县和吴淞区，设立宝山区
1992 年 9 月	撤销原上海县和闵行区，设立新的闵行区
1992 年 10 月	设立浦东新区，原杨浦、南浦、南市三区的浦东部分，原川沙县全部，原上海县三林地区并入
1992 年 10 月	嘉定撤县设区
1997 年 4 月	金山撤县建区
1998 年 2 月	松江撤县建区
1999 年 9 月	青浦撤县建区
2001 年 1 月	南汇撤县建区
2001 年 1 月	奉贤撤县设区
2005 年 5 月	原宝山区长兴乡、横沙乡划入崇明县管辖
2009 年 5 月	撤销原南汇区，并入浦东新区
2011 年 6 月	撤销原卢湾区和黄浦区，成立新的黄浦区
2015 年 11 月	撤销原闸北区，并入静安区
2016 年 7 月	崇明撤县设区

资料来源：根据相关资料整理。

经历区县建制调整、乡镇合并、撤乡建镇，以及镇村合并、村村合并等，2016 年，上海郊区共包括 9 个区、101 个镇、2 个乡、1582 个村委会。

撤县建区，有利于统一制定城乡规划和建设。如郊区道路建设，以前大都依靠各县自筹资金解决，现在则纳入全市大市政一起考虑。郊区也能够享用原市区的一些政策。

城乡规划

1957 年，上海市委提出，在上海周围建立卫星城镇，分散一部分工业企业，减少市区人口过分集中的现象。经过 1958—1960 年三年的规划和建设，上海相继规划建设了闵行、吴泾、嘉定、安亭、松江等五个卫星城镇；70 年代又建设了金山（1972）、宝钢（1978）两个卫星城镇。另外，在市区外围的近郊建设了吴淞—蓝藻浜工业区（钢铁冶金工业）、漕河泾工业区（精密仪器工业）、彭浦工业区（机电工业）、长桥工业区（化工工业）、吴泾工业区（化学工业）、桃浦工业区（化学工业）、北新泾工业区（化工为主综合工业）（表 5.7）。

表 5.7 卫星城镇和近郊工业区

卫星城镇 / 工业区	地区名	主要产业
卫星城镇	闵行	机电工业
	吴泾	化学工业基地
	松江	轻工业和机床工业
	嘉定	科学研究基地
	安亭	汽车工业基地
市郊工业区	吴淞	钢铁工业基地
	蕴藻浜	钢铁工业基地
	彭浦	大型机械工业
	桃浦	化学工业基地
	北新泾	化学工业基地
	漕河泾	精密仪表
	长桥	建筑材料
	高桥	化学工业基地
	庆宁寺	造船工业基地
	周家渡	钢铁工业基地

1986 年，国务院批准的《上海市城市总体规划》，明确了中心城—卫星城—郊县小城镇—农村集镇 4 个层次构成的城镇体系，计划建设 1 个中心城、11 个新城、22 个中心镇、68 个一般集镇。在 2001 年版总规里，把卫星城改成了新城，完善了中心城、新城、中心镇、一般镇和中心村所构成的市域城镇体系。“十五”期间上海提出建设“一

城九镇”，即重点建设松江新城和安亭、浦江、朱家角、高桥、奉城、罗店、枫泾、周浦、堡镇9个中心镇，但由于没有产业支撑，发展缓慢，实际效果并不理想。

2005年12月，由“1个中心城、9个新城、60个左右新市镇、600个左右中心村”组成的上海“1966”城乡规划体系出台，使上海的规划由城镇向农村地区延伸。“1个中心城”是指外环线以内的区域，面积约660平方公里。“9个新城”指规划建设松江、嘉定、临港、宝山、闵行、青浦、金山、奉贤南桥和崇明城桥9个现代化中等规模城市，规划总人口540万左右，其中松江、嘉定和临港新城人口规模按照80万～100万规划，总人口在270万左右。“60个左右新市镇”指规划建设60个左右相对独立、各具特色、人口规模在5万人左右的新市镇——相对资源条件较好、发展潜力足的新市镇，人口规模按照10万～15万规划。“600个左右中心村”指按照“分类规划、因地制宜”的原则，将相对分散的自然村适度归并，合理配置公共实施，把1900多个现有行政村合并成600个左右。

公共服务

20世纪80年代中期，上海在全国率先确立了“城乡一体化”的发展方针，积极探索发展集体经济承担的农村养老保障；改善农村道路建设；从乡镇企业利润中提取社会性支出，用于支持农村教育文化和社会公益事业发展。[15]

90年代初，上海在全国率先开展农村社会养老保险试点，1996年出台《上海市农村社会养老保险办法》。2007年将农村养老保险的统筹层次从乡镇层次提升到区级层次。2010年开展新型农村社会养老

15. 薛艳杰等《都市现代乡村建设》，上海人民出版社，2019年，7页。

保险。2014 年颁布《上海市城乡居民基本养老保险办法》，城乡居民养老保险制度实施并轨。

1994 年，上海市建立农村居民最低生活保障制度，此后这一制度逐渐完善，保障标准不断提高（表 5.8）。2015 年在全国率先实现了城乡最低生活保障标准的统一。

表 5.8 2000—2017 年上海市城乡最低生活保障标准变化

年份	城市		农村	
	元 / 月	元 / 年	元 / 月	元 / 年
2000	280	3360	—	—
2001	280	3360	—	—
2002	290	3480	186.7	2240
2003	290	3480	186.7	2240
2004	300	3600	186.7	2240
2005	300	3600	195	2340
2006	320	3840	213.3	2560
2007	350	4200	233.3	2800
2008	400	4800	266.6	3200
2009	425	5100	283.3	3400
2010	450	5400	300	3600
2011	505	6060	360	4320
2012	570	6840	430	5160
2013	640	7680	500	6000
2014	710	8520	620	7440
2015	790	9480	790	9480
2016	880	10560	880	10560
2017	970	11640	970	11640

资料来源：汪泓《上海社会保障史》，上海人民出版社，2018 年，403—404 页。

20 世纪 50 年代，上海就已探索发展农村合作医疗制度，建立了公社（镇）卫生院，为乡村农民提供医疗卫生保健服务。1986 年起，上海在郊区部分乡镇试行合作医疗制度改革，主要内容是由地方政府、卫生部门和保险公司联合经办合作医疗，引入保险机制。2002年，上海实施新型农村合作医疗制度。2016年1月起，城镇居民基本医疗保险和新型农村合作医疗整合，建立城乡居民基本医疗保险。

2005年以来，为促进城乡医疗资源均等化，上海逐步加大了优质卫生资源向郊区的转移力度。2009年后，实施郊区三级医院建设“5＋3＋1”项目（新建5家、提升等级3家、迁建1家），希望在全市范围内实现“1560”就医圈（15分钟内步行到达医疗机构、60分钟内到达三级医疗机构），这被认为是新中国成立以来上海促进城乡医疗卫生事业均衡发展力度最大的一次改革。另外，巩固和发展合作医疗制度、加强镇村医疗机构建设和管理，包括郊区村卫生室标准化建设、乡村医师培养、城市对农村的医疗支持等。

上海市采取积极措施，不断提升郊区农村的教育质量。

（1）加大投入。2003年启动郊区优质高中扩建工程，即在南汇、奉贤、金山、崇明4个远郊区县新建4所现代化寄宿高中，大大改善了郊区高中办学条件。2004年市政府将“改善355所郊区初中、小学教学设施，均衡城乡义务教育水平”列入实事项目。“十五”期间，上海投资75亿元，在郊区建设完成556个教育基建项目，占全市教育项目竣工总数的73.7%。“十一五”期间，上海投入136.68亿元，在郊区建设完成592个教育基建项目。2011—2015年，全市共建807个基础教育基建项目，其中85%投向郊区。

（2）建立中心城区与郊区结对帮扶机制，推动优质教育资源扩散和共享。2006年上海将20所郊区农村义务教育薄弱学校委托市区品牌中小学或教育机构管理，2009年第二轮扩大到43所，2011年第三轮扩大到46所。推进学区化、集团化办学，截至2016年年底，全市学区化、集团化办学联合体达130个，覆盖学校692所，约占本市义务教育阶段学校总数的48.7%。通过学区化集团化办学，不断缩小城乡之间、学校之间办学水平差距。2004年以来，上海还先后实行了赴农村任教职称评聘优先优惠政策，鼓励特级校长和特级教师柔性流动，到郊区学校开展工作。中心城区每年选派一批优秀教师到对口郊区相对薄弱学校支教，同时郊区选送有培养前途的中青年校长和教师到对口城区挂职锻炼和跟岗培训。

（3）大力加强农村学校师资队伍建设。实施郊区农村教师津贴和奖励政策，专业发展培训项目，鼓励和吸引优秀教师和优秀大学毕业生赴农村任教。提高郊区教师生活待遇。2010 年起，教师工资全市实行统一标准，不同区县、城乡间教师收入基本均衡。

（4）提高统筹层次，加大转移支付力度。从 2003 年起开始实施义务教育区县统筹，保证了财政相对薄弱乡镇的义务教育的均衡发展。2006 年起，上海加大市级财政转移支付力度，重点支持崇明、金山、奉贤等一些地区的义务教育。从 2012 年开始实施市级财政“三个统筹”：统筹下达教育支出占财政支出的比例；统筹下达区县财政教育转移支付资金；统筹少数经济发达中心城区部分财政教育资金用于支持郊区县和农村地区教育发展。

2015 年，上海市颁布实施《促进本市城乡义务教育一体化的实施意见（暂行）》，提出到 2020 年，实现全市城乡义务教育阶段学校建设、学校配置、信息化建设、教师配置与收入标准、生均经费 5 个标准统一。

在 2002 年的郊区工作会议上，上海市委、市政府明确要求郊区发展要围绕城乡一体化，加快农村城市化，推进农业现代化，实现农民市民化的总目标，高起点编制都市型城镇体系规划，高标准制订现代化城镇实施计划，高质量建设一流的城市设施，特别要注意郊区基础设施中的交通网络建设，形成完备的供电、供水、给排水、环保、绿化、垃圾收集、信息化等综合系统。

2006 年，上海开始社会主义新农村建设（基础设施、公共服务设施、生态环境修复、自然村落综合整治、村庄改造）。2013 年，开始美丽乡村建设。2018 年，发布乡村振兴战略。乡村建设逐步升级，农村生活环境条件明显改善。

郊区城市化

在新中国成立后的半个多世纪里，由于采取传统的工业城市化发展模式，以市区、特别是市中心区作为城市规划建设和管理的重点，广大的城市郊区往往被视为城市居民所需的粮食、蔬菜、奶酪产品等农副产品的生产和供应基地，导致上海郊区产业和功能单一，经济实力不强，并逐渐演变成为中心城市的附庸，形成了所谓的“大城市、小郊区”“郊区围着市区转”的单中心城市发展模式。郊区城市化发展缓慢，城镇普遍规模不足，功能不全，设施落后，无法满足当地居民对人居环境的质量要求。

改革开放后，按照“依托城市工业、走城乡一体化、城乡联营合作共同发展”的方针，上海增强县、乡发展工业的自主权，建立了城乡工业协调小组，制订了促进乡镇工业发展的扶持政策，乡镇企业有了巨大发展，企业数量、产值、规模快速增长。

郊区工业化，带动一批集镇繁荣起来。1995 年，上海正式提出“农业向规模经营集中，工业向园区集中、农民居住向城镇集中”的郊区发展战略。2003 年《上海市城市近期建设规划（2003—2007）》以“三个集中”思想为指导，首次提出要把建设的中心从中心城区转向郊区，进一步提高郊区的城市化水平。2004 年上海又制定出台了《关于切实推进“三个集中”，加快上海郊区发展的规划纲要》，进一步明确郊区要实现“城乡一体化、农村城市化、农业现代化、农民市民化”的总目标，以及切实推进“人口向城镇集中、产业向园区集中、土地向规模经营集中”的总战略。[16]

相较于郊区乡镇企业发展，上海城市郊区化可能是推动郊区城市化更为强大的一股力量。20 世纪 90 年代起，上海进行产业结构战略性调整，中心城区原有的传统工业向城郊迁移，在浦东新区以外的九

16. 薛艳杰等《都市现代乡村建设》，上海人民出版社，2019 年，83 页。

个区县，分别建立 9 个市级工业区（表 5.9）。

表 5.9 20 世纪 90 年代建立的 9 个市级工业区

市级工业区	产业战略
嘉定工业开发区	以生产汽车及配套工业和电器产品为主
青浦工业区	以生产纺织、机械和电子工业为主
松江工业区	以电子和轻工产品为主
金山工业区	以生产石油化工、精细化工和电子产品为主
奉浦工业区	以生产电器设备和环保设备为主
莘庄工业区	以生产通讯设备、日用电器为主
康桥工业区	以生产新型建材、汽车组装为主
崇明工业区	以机械制造、仪表电器为主
宝山工业区	以生产磁性电子材料为主

资料来源：根据相关资料整理。

据统计，1985—2000 年，上海市中心城区工业总产值占全市工业总产值的比重从 71.6%下降至 22%，而同期郊区工业总产值占比由 28.4%上升为 78%。

随着上海城市产业功能和人口向郊区扩展，大批成片的居住区、工业园区、各类开发区等新区在郊区崛起，而中心城区的郊区化同郊区的城市（镇）化两股势能相互汇合，推动了上海郊区城市化的快速发展。如今原先属于郊区的农村大多已经成为城市的一部分，农村和城市的边界逐步消失。传统农业的比重越来越低，第二、第三产业发展迅速，市场型就业及职业收入成为农民的主要收入方式。生活方式已经城市化，传统意义上的城乡二元结构特征发生了很大变化。

2016 年，上海市人民政府发布《关于进一步推进本市户籍制度改革的若干意见》，提出："取消本市农业户口与非农业户口性质区分，统一登记为居民户口。调整并逐步完善与统一城乡户口登记制度相适应的教育、卫生计生、就业、社会保障、住房、土地及人口统计制度。"

城市变迁中的原住民

世界（全球）城市理论中的原住民

早在1889年，德国学者哥瑟就曾使用“世界城市”来描述当时的罗马和巴黎。1915年，英国城市和区域规划大师格迪斯（Patrick Geddes）在其《进化中的城市》一书中，提出世界城市是“世界最重要的商务活动绝大部分都须在其中进行的那些城市”。英国地理学家、规划师彼得·霍尔（Petter Hall）在其所著《世界城市》中指出，世界城市是指那些已对全世界或大多数国家发生经济、政治、文化影响的国际第一流大都市，具体包括以下几个方面：主要的政治权力中心；国家的贸易中心；主要银行所在地和国家金融中心；各类专业人才聚集的中心；信息汇集和传播的地方；大的人口中心，而且集中了相当比例的富裕阶层人口；娱乐业已成为重要的产业部门。

1986年，弗里德曼发表了《世界城市假说》一文，阐述了有关世界城市的几个基本观点。[17] 第一，世界城市基本位于发达国家，主要集中在美、日、欧国家，也有一些出现在经济发展水平与美、日、欧接近的所谓半边缘地区；第二，世界城市拥有以金融、服务业为主的产业集群，这是世界城市特定的经济产业体系；第三，世界城市对全球经济文化生活发挥重要影响力——对全球市场拥有巨大的影响力；第四，世界城市的一个重要的衡量指标是人口的多样性，虽然未形成固定标准，但出生地为外国的人口占城市人口的百分比却能够反映世界城市的开放性；第五，世界城市的特征是文化生活的多元性，呈现为官方语言的多语种化以及市权利机构对非本土文化一视同仁、多种族小区“马赛克”式的生存、各种族居民对市政的积极参与等；第六，

17. 屠启宇《谋划中国的世界城市：面向21世纪中叶的上海发展战略研究》，上海三联书店，2008年，44页。

本地居民的边缘化——世界城市过去为世代居住于此的居民提供特权，现在扩及外来人士，本地居民在城市精英队伍中的比重不断下降，原有城市生活中的地方色彩趋于淡化。1995 年，弗里德曼将世界城市的判断标准进一步修正为：世界经济融合的职能；空间组织与协调基点；全球经济控制能力；国际资本积累之地；国际与国内移民的终点。

萨森对纽约、伦敦、东京 3 个最顶级的全球城市进行了大量的实证研究。萨森认为，全球城市在世界经济中发展起来的关键动力在于其集中优良的基础设施和服务，从而使它们具有了全球控制能力。全球城市具有以下 4 个基本特征：第一，高度集中化的世界经济控制中心；第二，金融和特殊服务业的主要所在地；第三，包括创新生产在内的主导产业的生产场所；第四，作为产品和创新的市场。作为一个社会学家，萨森还研究了全球城市的两极化与社会不平等以及移民、非正规就业问题。

卡斯特尔（Manuel Castells）从流动空间的角度，把全球城市描述为世界范围内“最有直接影响力”的节点以及中心。因为“城市不是依靠它所拥有的东西而是通过流经它的东西来获得和积累财富、控制和权力”。

从西方有关全球城市的论述中，可以发现本地居民并没有成为讨论的中心问题，但也有学者（如弗里德曼）已触及本地居民边缘化议题。中国香港学者吕大乐从全球城市转变中的阶级分层出发，研究了香港本地人的处境问题。他认为，在全球化的压力下，本地人在逐渐失去其优势，不仅是低技术和低工资的一群，还扩散到年轻的大学毕业生和中层管理人员，从而出现社会张力和不满（表 5.10）。[18]

表 5.10 2011 年香港工作人口按职业及出生地的分布

	出生地			
职业	香港	中国内地 / 澳门 / 台湾	其他地方	总计
经理及行政人员	72.1%	18.4%	9.5%	100.0%

18. 周俭《社区 空间 治理》，同济大学出版社，2015 年，181 页。

续表

职业	出生地			
	香港	中国内地 / 澳门 / 台湾	其他地方	总计
专业人员	79.6%	12.8%	7.6%	100.0%
辅助专业人员	78.9%	17.4%	3.7%	100.0%
文书支持人员	79.0%	19.3%	1.7%	100.0%
服务工作及销售人员	61.0%	36.2%	2.8%	100.0%
工艺及有关人员	55.0%	43.4%	1.6%	100.0%
机台及机器操作员及装配员	70.3%	27.6%	2.1%	100.0%
非技术工人	29.3%	31.4%	39.3%	100.0%
其他	47.5%	52.2%	0.3%	100.0%
总计	63.5%	25.7%	10.8%	100.0%

资料来源：周俭《社区 空间 治理》，同济大学出版社，2015 年，184 页。

上海还是上海人的上海吗

1949 年新中国成立以后，上海由“消费城市”向“生产城市”转型，建成中国综合性工业基地和科学技术基地。20 世纪 80 至 90 年代起，上海向多功能经济中心城市转型，先后提出“一个龙头，三个中心”以及“四个中心”、社会主义现代化国际大都市的奋斗目标。上海进行了大规模的产业结构调整以及企业改革，吸引了大量外资、外企和跨国公司，这给城市发展带来新的机会和就业，但这些机会主要集中在财务、贸易以及高科技方面，受惠者大多是受过高等教育的专业人员，一般劳动阶层则被迫转到低工资和缺乏保障的劳动力市场，失业问题日渐突出（图 5.3）。

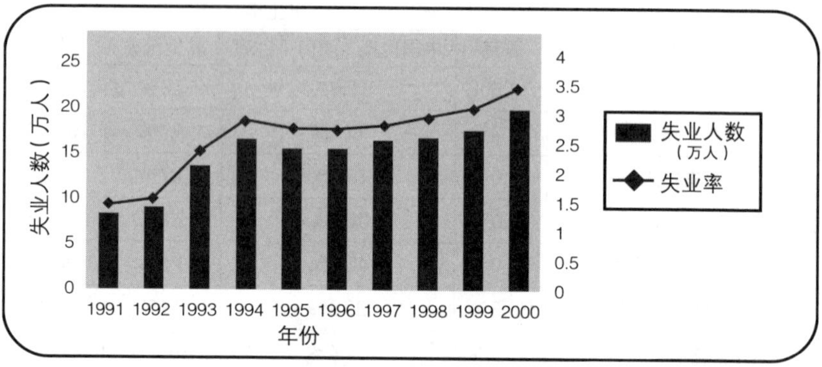

图 5.3 1991—2000 年上海城镇失业情况

资料来源：叶栩青、王方华《上海失业保险的现状分析和改革建议》，《上海综合经济》2002 年 8 期，13 页。

进入 21 世纪后，在“上海是全国人民乃至全世界人民的上海”，以及“上海的房地产价值要放在全球格局中去考量”的声浪中，上海房价飙升，远远超出了本地普通市民的购买能力，房地产市场变成了一个“外部人游戏”。因此有人提问：“上海还是上海人的上海吗？”事实上，在上海城市社会空间结构的重构与分异过程中，由于中心城区高房价的空间分选作用以及政府中低价动迁安置商品房的郊区化，导致了许多长期居住在市中心的低技能、低工资的居民搬迁到偏远的地区。弱势群体居住空间被边缘化，带来了一系列的社会问题（图 5.4）。[19]

19. 陈映芳《城市贫困的新问题》，《中国城市评论》，南京大学出版社，2005 年，36 页。

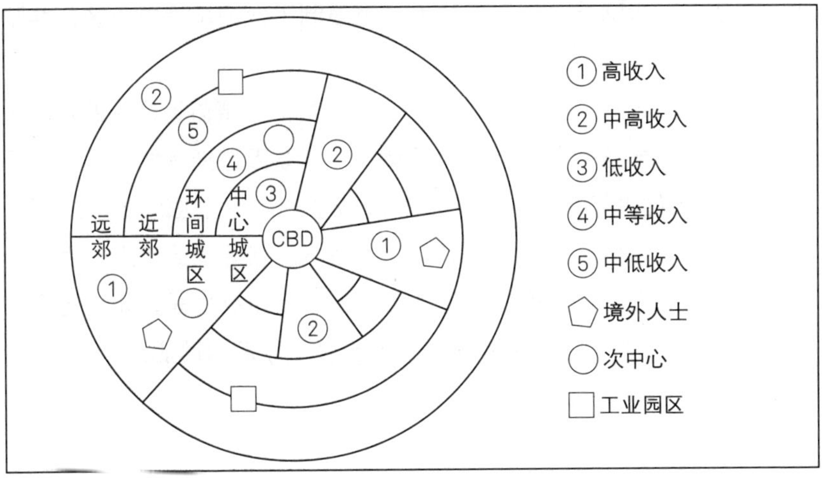

图 5.4 不同收入群体居住空间选择示意图

资料来源：杨上广《大城市社会空间结构演变研究》，《城市规划学刊》2005 年 5 期，17 页。

（1）由于上海市在传统工业萎缩后，并没有在周边郊区形成新兴的制造加工业工厂带，劳动者群体的工作基本局限在城市服务业和各种杂业上，而这些行业主要集中在内城区。因此，动迁后，搬到了城外的居民不得不面临居住地与工作地的远距离分离。

（2）由于城市改造过程中轨道交通基本上是与商品住宅区的开发互相刺激、发展的，在廉价的动迁房地区，往往只有有限的公交车线路与内城区相联结，造成部分居住在城市边缘区和外围的居民出行不便，严重影响了人民群众的正常生活和城市的发展。通勤成本（包括经济成本和时间成本）成了动迁户的一大困难，不少动迁户即因为这一困难而拒绝外迁，也有不少人动迁后即失去了工作。

（3）由于低收入群体缺乏对产业资本的吸引力，在外城区及郊区动迁居民居住地，商业服务设施缺乏，同时学校、邮政、医疗等公共服务设施也普遍缺乏，居民购物、看病、上学、办事多需要进城，这就造成了他们生活成本的无形加大，也限制了他们享受中心区公共服务设施和其他便利的机会。

（4）在动迁过程中，许多原来三代共同居住或就近居住的家庭被动解体，往往是子辈因为工作和子女入学等原因选择在城区购买二手公房，而老人住进郊外的安置房。这既造成了安置房社区的严重老龄化，也实际加重了这些贫困群体的家庭生活成本。代际间经济上、生活上的互助原是城市贫困家庭应对生活困难的一个重要手段，如今老人离开城区单独居住的现状显然削弱了这个群体的家庭自助能力。

城市政策的回应

在建设社会主义现代化国际大都市进程中，上海地方政府通过整体的全球化政策，过滤全球化对本地产生的负面影响，来维护和促进城市的可持续发展。面对日渐突出的失业问题，上海实施了以建立再就业服务中心为标志的再就业工程。再就业服务中心为下岗职工提供基本生活保障，落实基本社会保险，并提供职业培训、职业介绍等服务，促进下岗人员再就业。2000 年，大部分“再就业服务中心”开始转换成为职业介绍和培训中心，使新增社会劳动力通过这里直接进入劳动力市场。为鼓励下岗职工走出中心进入市场，上海制定实施了一系列配套政策，其中重要的一条就是“协议保留社会保险关系”，即将养老、医疗等社会保险关系仍留在原企业（实际上是留在社会保险机构），本人进入市场就业。协议期间没有找到工作者可由失业保险基金给予生活补助，丧失或大部分丧失劳动能力者可以回原单位享受优惠措施。

为解决困难群体就业问题，上海还从国际劳工组织引进了非正规就业概念。1998 年开始发展公益性劳动组织。2001 年推出“4050”项目，主要对象是男 50 周岁以上、女 40 周岁以上，年龄偏大、技能缺乏、学历不高，难以通过自身努力上岗就业的人员。政府为此采取一系列优惠政策措施，包括提供免费培训，提高就业技能；纳入基本社会保险范围，帮助参加商业保险；减免税费，提供小额贷款担保；建立专门服务机构，提供免费服务；开展创业培训和业主培训、组建开业指导专家志愿服务团予以支持。

2002 年上海推出了对就业困难人员的“双向承诺”制度。2003 年出台针对就业特别困难人员的就业援助政策，对招用就业特困人员的单位给与补贴，积极开发了一批“万、千、百人就业项目”。2005 年发布《上海市促进就业若干规定》，包括增加就业岗位和控制城镇登记失业率，以创业促进就业，实行就业补贴，加强职业培训，开发就业项目，完善就业管理服务等措施，开始形成促进就业的长效机制。

2009 年《上海市人民政府关于进一步做好本市促进创业带动就业工作的若干意见》发布，在贷款担保、创业场地、能力提升以及开业服务等方面加大扶持力度，进一步完善创业扶持政策体系，健全创业服务体系，相继实施“创业带动就业”三年行动计划。

随着上海失业群体呈现青年化、高学历化、失业周期加长等趋势，2001 年，上海在国内率先推出见习补贴制度，构建青年见习基地与实训基地，由政府出资补贴帮助低龄就业群体，提高就业能力。2012 年，上海市出台扶持失业青年就业的“启航”计划。

上海是中国住房改革的先锋。从国有住房一统天下，至社会多元建房，开放房地产市场，公房向住户出售，到最后采取以市场为主导的房屋政策。住房改革最显著的成就是住房投资增加、居住环境改善，但也带来投机活动盛行、房价狂涨和房市失控，脱离人民的收入水平和购买能力。上海市政府致力于平衡住房市场发展和住房民生满足，为低收入阶层提供住房保障。

（1）廉租房制度。2000 年上海在全国率先试点实行廉租房制度，并于 2001 年底在全市全面推行，采取收入标准与居住困难标准为一体的“双困”准入和退出机制。其中收入标准，最初是家庭人均月收入低于民政部门确定的 280 元的城镇家庭最低生活保障线，并接受民政部门救助连续 6 个月以上。2006 年年底起收入线标准开始与最低生活保障线脱离，扩大到低收入家庭。住房困难标准从最初人均居住面积 5 平方米以下，提高到 7 平方米以下。另外，采取租金补贴为主，实物配租为辅的解困机制。除对孤老、残疾等特殊家庭实施实物配租外，其余家庭均采取租金补贴的形式，家庭的租金补贴面积不足 10 平方米的补足 10 平方米。

（2）经济适用房。指政府提供政策优惠，按照有关标准建设，限定套型面积、销售价格及租金标准，面向上海市城镇中低收入住房困难家庭供应的具有保障性质的政策性住房。2009 年，《上海市经济适用住房管理试行办法》规定申请购买经济适用房的具体标准为：第一，申请经济适用房的家庭成员，必须具有上海常住户口 7 年以上，且户籍在申请区须 5 年以上；第二，家庭人均居住建筑面积在 15 平方米以下；第三，家庭月可支配收入人均 2300 元以下，可支配财产人均 7 万元以下；第四，在申请经济适用房前五年，未发生过房产交易行为。2010 年全市中心区全面启动适合中低收入家庭需要的经济适用房建设。此后相继放宽准入标准和供应标准。

（3）公共租赁房。2010 年上海市政府出台了关于公共租赁房的有关办法规定，主要解决三类人群的阶段性住房困难问题，即引进人才、新就业职工、来沪务工人员。

（4）动迁安置房。是指政府为配合本市重大工程、旧区改造等建设项目，对拆迁居（农）民提供的享受优惠政策、限定建设标准的保障性住房。20 世纪 90 年代以后，随着上海中心城区大范围旧城改造的推进，带动了郊区动迁安置房建设。2002 年，为配合世博会和轨道交通建设，上海开始兴建重大工程配套商品房，以解决中低收入居民的动迁安置问题（表 5.11）。

表 5.11 上海“四位一体”住房保障体系

类型	覆盖群体	收入准入线（2017 年）	面积准入线
廉租住房	沪籍低收入住房困难家庭	1. 申请家庭成员之间具有法定的赡养、抚养或者扶养关系，且共同生活； 2. 申请家庭成员在本市实际居住，具有本市城镇常住户口满 3 年，且具有申请所在地城镇常住户口满 1 年； 3.3 人及以上申请家庭人均月可支配收入低于 2500 元（含 2500 元）、人均财产低于 90000 元（含 90000 元），2 人及以下申请家庭人均月可支配收入低于 2750 元（含 2750 元）、人均财产低于 99000 元（含 99000 元）	人均居住面积 7 平方米以下
共有产权保障房（经济适用房）	沪籍中低收入住房困难家庭	3 人及以上家庭人均年可支配收入等于低于 6 万元、人均财产等于低于 15 万元（含 15 万元）；2 人及以下标准按前述标准上浮 20%，即人均年可支配收入等于低于 7.2 万元、人均财产收入低于 18 万元（含 18 万元）	人均建筑面积 15 平方米以下
公共租赁住房	单位住房困难职工、青年职工、引进人才、外来务工和其他常住人口	单位、区县具体制定准入标准	在本市无自有住房或人均住房建筑面积低于 15 平方米
动迁安置房	二级以下旧里中沪籍低收入、住房困难家庭	各动迁基地按相关规定确定补偿标准	数砖头加套型保底

资料来源：陆晓文《改革开放 40 年与上海市民生活质量变迁》，上海人民出版社，2018 年，95—96 页。

改革开放后，上海对社会救助制度进行改革。1993 年起实施城镇居民最低生活保障制度。1999 年起实行最低生活保障对象全员覆盖，只要是城镇居民家庭人均收入低于本市低保标准的，都可以获得政府的救助。为确保本市贫困人口基本生活随同上海国民经济增长水平得到不断改善和提高，根据本市经济发展、物价变动等几个方面的测定指数，建立了动态的社会救助标准调整机制。在推进社会救助体系建设过程中，建立了多层次社会救助制度，形成了以最低生活保障、特困人员供养为基础，因病支出型贫困家庭生活救助，受灾人员救助和临时救助为补充，医疗救助、教育救助、住房救助、就业救助等专项救助相配套，社会力量充分参与的“9 + 1”社会救助体系（表 5.12）。

表 5.12 2015 年上海市社会救助体系构成

<table>
<tr><th>救助类别</th><th>救助项目</th><th>救助对象</th><th>资金来源</th><th>经济状况核对</th></tr>
<tr><td rowspan="3">基本生活类救助</td><td>最低生活保障制度</td><td>低保家庭</td><td rowspan="3">地方财政</td><td rowspan="3">须经收入核对系统认定</td></tr>
<tr><td>特困人员供养制度</td><td>城市三无人员
农村五保户等</td></tr>
<tr><td>支出型贫困家庭生活救助</td><td>支出型贫困家庭</td></tr>
<tr><td rowspan="4">专项分类救助</td><td>医疗救助</td><td rowspan="4">低保、
低收入家庭</td><td>地方财政为主
中央财政为辅</td><td rowspan="4">须经收入核对系统认定</td></tr>
<tr><td>教育救助</td><td rowspan="3">地方财政</td></tr>
<tr><td>住房救助</td></tr>
<tr><td>就业救助</td></tr>
<tr><td rowspan="2">临时应急类救助</td><td>受灾人员救助</td><td>受灾人员</td><td>中央财政
地方财政</td><td>无须核对</td></tr>
<tr><td>临时救助</td><td>应急型临时困难家庭</td><td>中央财政
地方财政</td><td>须经收入核对系统认定</td></tr>
<tr><td colspan="2">小区市民综合帮扶</td><td>各类困难家庭</td><td>社会捐献</td><td>无须核对</td></tr>
</table>

资料来源：杨雄、周海旺《上海社会发展报告（2016）》，社会科学文献出版社，2016 年，243 页。

第六章

文化与遗产

城市精神

城市精神的演变

历史学家熊月之认为，上海城市精神在不同历史阶段有不同的表现。[1]

（1）古代上海居民特性。近代开埠以前，上海居民特性有三：第一，重商。上海设县原因，即与通商贸易有密切关系。第二，奢华。奢华常常是重商社会的重要特征。第三，开明。就是对外来人口、外来文化能持比较开放、平实、平等、理性的态度。

（2）近代上海居民特性。第一，开放包容。即海纳百川，来者不拒。第二，自由自治。市民享有较多自由，自治色彩浓郁。第三，争优创新。高度发达的市场经济带来了竞争与创新。第四，趋新崇洋。主要是工业化、城市化、现代化之新及之洋。第五，重然诺守法规。讲究诚信与法制。第六，爱乡爱国。具有爱国精神与天下情怀。

（3）计划经济时代上海城市精神。第一，艰苦奋斗。在超乎寻常的困苦条件下做出非凡业绩。第二，追求卓越。上海在近代形成的追求卓越的传统，依然有着巨大的惯性。第三，循规守纪。坚决落实、执行中央决策与部署，遵守党的纪律。第四，服务全国。作为中国工业最发达、技术最先进、科技人才最密集的上海，被国家赋予服务全国的特别使命。

（4）改革开放以后上海城市精神。第一，开明睿智地恢复海纳百川传统。第二，在艰苦奋斗中追求卓越。第三，与时俱进地服务全国。

也有研究者认为，改革开放 40 年造就的上海精神品质，与以下五

1. 熊月之《上海人解析》，上海教育出版社，2019 年，267 页。

个关键词息息相关。

（1）格局。上海是全国的上海。改革开放以来，上海始终把自身发展置于全国发展大局中，把落实党中央决策部署和国家战略视为己任。这种格局或者说大局观、全局观是上海使命意识的内在源泉。

（2）情怀。把上海建设好，是对两千多万名市民的庄重承诺和神圣责任，是回应人民关切的结果。人民对美好生活的向往是做好各项工作的前进动力。

（3）视野。改革开放过程中，每遇大事、新事、难事，上海总能虚心向兄弟省市学习，也能认真研究和借鉴国际先进经验。敢于把上海放到国际舞台上比拼，博采众长，为我所用，铸就了上海的开放品质、世界眼光和全球视野。

（4）创新。改革开放带来活力，活力带来创新，创新驱动发展。上海以其巨大的包容性和整合力，成为中外文明融合的典范。这种城市基因在在过去 40 年间得到发扬光大。

（5）务实。作为一个由江南文化、现代文明滋养的城市，上海把求真务实、精耕细作的精神贯穿到了改革开放之中。

总之，胸怀全局、勇于担当，开拓创新、敢为人先，坚忍不拔、善作善成，求真务实、追求卓越，是上海 40 年改革开放给我们留下的精神财富。[2]

千年的文明传承，积淀着城市的文化和传统，百年的沧桑轨迹，则奠定了城市功能、空间格局乃至城市的精神基础。[3]上海城市居民特性与城市精神，不同历史阶段各有不同，但也有贯穿始终的相同或相通之处，即开放、交汇、竞争、创优。其中开放是前提与基础。没有开放，就无从交汇，无从搭建起中外文化和国内各种区域文化的交流、交融平台。没有高度开放与充分交汇，就难以产生体现全球或全国水平的竞争，也难以创造出全球、全国第一流的物质或精神产品。[4]

2. 中共上海市委改革办《东方潮：上海改革开放标志性首创案例选（1978—2018）》，上海人民出版社，2018 年，5 页。
3. 上海市城市规划设计研究院《上海城市规划演进》，同济大学出版社，2007 年，1 页。
4. 熊月之《上海人解析》，上海教育出版社，2019 年，307 页。

政府对城市精神的塑造

城市精神的孕育和发展，既源于城市历史发展的丰富积淀，也依靠政治力量的引导和塑造。[5] 新中国的成立，为上海这座城市揭开了新的历史篇章。新上海的目标是建设一座清洁、健康、奋发向上的社会主义大城市。围绕“为国内生产与为中国人民服务的新上海”，建设“先进的工业基地和科学技术基地”的基本方针，中国共产党对城市精神进行再造，[6] 树立了社会主义建设时期敢为人先的创新精神、服务全国的大局意识、精益求精的敬业态度，从而为这座城市赋予了诸多新的精神品质，成为推动上海自身发展和支援全国经济建设的强大动力。

2002 年 12 月，中共上海市委决定在全市开展“上海城市精神”大讨论。在广泛讨论基础上，将上海城市精神表述为“以海纳百川而服务全国，在艰苦奋斗中追求卓越”，简称为“海纳百川、服务全国、艰苦奋斗、追求卓越”，并在 2003 年予以公布。

2007 年 5 月，在中共上海市第九次党代会上，时任市委书记的习近平对上海城市精神做出新的表述，提出要“与时俱进地培育城市精神，大力塑造海纳百川、追求卓越、开明睿智、大气谦和的新形象，使全市人民始终保持艰苦奋斗、昂扬向上的精神状态”，自此，上海城市精神被表述为“海纳百川、追求卓越、开明睿智、大气谦和”。

就像有些学者指出的，上海这座城市，既饱经沧桑，给人以复杂的历史感；又生机勃勃，给人以常新的时代感。上海独特的身世和经历，其中的每一个阶段，都赋予上海这座城市不同的内涵。这些来自不同阶段内涵的不断沉淀和不断丰富，构成了上海区别其他城市的城市基因、性格和传统，也就是上海城市的“常”[7]，或者说上海独特的城市精神、城市气质，以及由这种精神气质化合而成的传奇性魅力。

5. 张励《二十世纪五六十年代中国共产党对上海城市精神的再造》，《中国党史与党建》2016 年 7 期，21 页。
6. 张励《二十世纪五六十年代中国共产党对上海城市精神的再造》，《中国党史与党建》2016 年 7 期，23 页。
7. 周武《上海学》，上海人民出版社，2015 年，4 页。

国际文化大都市

在近代史上，上海不但是中国最大的经济中心，也是最重要的中国文化中心，有一流的文化设施、时尚文化消费，数不清的文化机构，包括报纸、杂志、出版社、文化团体，大量文化名人。上海也是西方文化输入中国的最大窗口和传播中心，凡世界上流行的学理、思潮、流派、风格，上海都有回响和呼应。[8]

作为中国乃至整个东亚地区首屈一指的文化大都市，当年的上海都市文化不仅对中国内地具有巨大的影响力，而且对整个东亚地区都有重要的影响力。[9]“上海的显赫不仅在于国际金融和贸易，在艺术和文化领域，上海也远居其他一切亚洲城市之上。当时东京被掌握在迷头迷脑的军国主义者手中；马尼拉像个美国乡村俱乐部；巴达维亚、河内、新加坡和仰光只不过是这些殖民地行政机构中心；只有加尔各答才有一点文化气息，但却远远落后于上海。”[10]

文化规划

新中国成立后，人民政府在对旧有的文化机构接管、整顿、改造基础上组建起国营文化机构和艺术团体，另外，改造、新建了一批面向大众的文化设施，创作了一些人民喜闻乐见的文艺作品，开展了广泛的群众文化活动。但在一个很长的时期内，上海文化事业发展缓慢，投资少、文化设施落后。

20 世纪 80 年代中后期，文化发展被提上议事日程。1986 年，上

8. 周武《边缘缔造中心：历史视域中的上海与江南》，上海人民出版社，2019 年，72 页。
9. 同上。
10. 白鲁恂《中国民族主义与现代化》，《二十一世纪》1992 年 2 月。

海召开文化发展战略研讨会，制定上海城市文化发展战略规划，提出上海文化发展的远期战略目标是将上海建成亚太地区最大的文化中心之一，近期目标是创建一个开放的、多样化的、鼓励创新的文化环境，形成层次结构合理、健康的、积极向上的、具有先进水平和地方特色的精神产品生产系统，以推动上海地区经济、政治、文化协调发展。

进入 21 世纪后，上海越来越重视文化建设，并提出建设国际文化大都市的发展战略（表 6.1）。

表 6.1 上海建设国际文化大都市重要文件

时间	会议或文件	内容
2000 年 10 月 14 日	中共上海市委七届七次全会	通过了关于制定上海市国民经济和社会发展第十个五年计划的建议，该建议提出：按照建设有中国特色社会主义文化的要求，大力发展面向新世纪的文化事业，努力把上海建设成为国际文化交流中心之一
2004 年	上海文化发展纲要（2004—2010 年）	提出上海到 2010 年文化发展的总体目标是：建设文明城市，建设学习型社会，建设国际文化交流中心，努力走在发展社会主义先进文化的前列。建构与国际经济、金融、贸易和航运中心相匹配的城市文化新格局，建设与社会主义市场经济体制相衔接的城市文化新体制，形成与服务市民、服务全国的任务要求相适应的城市文化新特色，达到与上海率先全面建成小康社会和率先基本实现现代化、建设现代化国际大都市的奋斗目标相协调的城市文化水平
2007 年 5 月	习近平在中国共产党上海市第九次代表大会上的报告	提出努力把上海建设成为文化要素集聚、文化事业繁荣、文化产业发达、文化创新的文化大都市，不断满足人民群众多层次、多方面、多样性的精神文化需求，不断增强城市软实力
2011 年	上海市国民经济和社会发展第十二个五年规划纲要	提出要“加快建设更具活力、富有效率、更加开放、充满魅力的国际文化大都市”的奋斗目标

资料来源：根据相关资料整理。

文化体制改革

20 世纪 80 年代起，上海进行以承包经营责任制、“事业单位企业管理”和艺术总监制、院(团)长负责制为主要内容的文化体制改革。90 年代调整文艺院团建制，改进政府对文艺院团的投入机制，探索媒体托管文艺院团新模式，16 家市属文艺团体实行分类管理：第一类是国家重点保护剧种，包括交响乐、京剧、昆剧，委托上海文化广播影视集团直接管理，主要由政府投入保障；第二类是芭蕾、歌剧等剧种，交给有实力的媒体或其他社会单位管理，政府给一定的优惠政策予以支持；第三类是市场化程度比较高的剧种，如滑稽戏剧、杂技等，将它们推向剧场。文艺院团推行全员聘任制改革。

在文化行政方面，1995 年，上海电影局、上海广电局“撤二建一”，成立上海市广播电影电视局，在全国率先实现了影视合流。2000 年 4 月，原上海市文化局和原上海市广播电影电视局建制撤销，成立上海市文化广播影视管理局，实现“文广合流”。2001 年 4 月，组建上海文化广播影视集团，与上海市文化广播影视管理局实现“政企分开，官办分离”。上海市文化广播影视管理局转变职能，主要对全社会、全行业实行管理，推动社会公益性文化事业发展，构建公共文化服务体系，保障人民群众基本文化权益；构建文化产业扶持体系，推动文化产业快速发展；构建文化市场监管体系，提高市场监管水平；构建文化艺术创新体系，促进艺术繁荣。

文化设施

20 世纪 80 年代，上海在财力十分有限的情况下，投资 6 亿元，对原有文化设施进行改造利用，同时建设了一批新的大众娱乐设施，如上海文艺活动中心、虹桥广播发射台、新上海影都、宛平剧场、上海美术馆新馆等，但标志性文化设施仍然缺乏。

标志性文化设施具有集聚文化资源、扩散文化能量的功能。一方面，它是城市文化品位的象征，城市形象的代言；另一方面，它为城市带来巨大的经济收益。同时，这些文化设施也是开展城市文化交流活动的重要载体。[11]1991 年，上海市委提出，为了适应扩大对外开放和上海人民日益增长的文化生活需求，要按照国际现代化城市的需求，结合上海的特点建设若干个必不可少的文化设施。大文化设施工程（东方明珠电视塔、上海博物馆新馆、上海图书馆新馆、上海书城、上海影城、上海大剧院、上海广播电视新闻中心、解放日报新闻大楼、东海影视乐园和上海有线电视网络）先后建成。

2001—2010 年，上海文化设施再上台阶，又建成一批标志性的文化设施，其中以上海东方文化艺术中心、上海音乐厅平移、中国福利会少年宫综合活动楼、世博文化中心、上海文化广场、上海国际会议中心、上海马戏城、复旦大学新闻学院、广播大厦二期、上海社科国际创新基地、上海群众艺术馆改扩建、大世界改造等为代表。这批文化设施与 20 世纪 90 年代十大文化设施工程共同构筑了上海国际大都市的文化设施框架，使上海的标志性文化设施具备了相当的规模，体现出国际文化大都市的文化风采。

2011 年，上海决定重点建设或改建中华艺术宫、上海当代艺术博物馆、上海世博会博物馆、上海儿童艺术剧场、上海市历史博物馆、虹桥国际舞蹈中心等市级公共文化服务设施，统筹规划世博浦西园区、中国近现代新闻出版博物馆、上海图书馆二期等大型文化项目。

上海还将文化设施建设“重心下移”，启动并扎实推进百个博物馆、百个社区文化活动中心、百个剧场、百座城市景观雕塑、百处优秀历史文化建筑保护“五个一百”工程设施建设。引导社会力量建设和运营文化设施，如一批民办美术馆、艺术馆利用政府无偿提供的土地与房产，结合地产业、商业等诸多经济活动的开发，为市民提供更多丰富多彩的艺术资源和公共教育活动场所。

---

11. 周振华、洪民荣《上海改革开放 40 年大事研究》（卷十），格致出版社，2018 年，24 页。

文化活动

举办大型文化活动，特别是大型国际文化交流活动，是上海塑造国际大都市文化形象、推进本国和世界文化交流、提升上海在中国与世界的文化影响力的有效载体。1986 年 12 月，经中共中央批准，上海举办中国第一个国际性艺术节，“上海国际友好城市电视节”。此后，陆续推出一系列文化活动：

上海文化艺术节（1989）
上海旅游节（1990）
上海亚洲音乐节（1991）
上海国际电影节（1993）
上海国际少儿艺术节（1994）
上海国际服装文化节（1995）
上海国际芭蕾舞比赛（1995）
上海艺术博览会（1997）
中国上海国际艺术节（1999）
“上海之春”国际音乐节（2001）
中国上海国际乐器展（2002）
上海书展（2004）
中国国际数码互动娱乐展览会（2004）
中国国际动漫游戏博览会（2005）
上海双年展（2006）
……

公共文化

新中国成立以来，我国建立了群艺馆、文化馆、文化站、文化室等各级群众文化机构，开展公共文化服务。

1986 年文化发展战略大讨论中，上海在全国最早提出社区文化建设，建立了公益性文化事业资助平台“上海文化发展基金会”，争取国内外团体和个人的赞助，并通过融资经营，不断扩大基金会规模。

2004 年，上海在全国率先提出“完善公共文化服务体系”。2005 年、2006 年，上海市政府连续两年将社区文化活动中心建设列为市政府当年“十大实事项目”。2007 年，《上海文化发展“十一五”规划》，阐明“构建覆盖全面、功能完备的公共文化服务体系”，包括：公共文化设施体系、公共文化服务组织体系、公共文化服务运行体系、公共文化服务政策法规体系、公共文化服务评估考核体系。

2012 年以来，《关于上海营造城市文化氛围三年行动计划》及 10 个分计划，联手区街、动员社会、依靠群众，分 10 类、100 余个项目在全市同步实施剧场、影院、影像、广场、地铁、商圈、集市、街头、机场、市民文化十进工程。

2013 年创办上海市民文化节。

文化产业

上海是中国近代文化产业的摇篮。改革开放后，上海在文化产业的建设与发展中走在全国前列，1992 年成立了全国第一家文化企业股份有限公司——东方明珠股份有限公司。此后，相继组建了文汇新民联合报业集团、上海世纪出版集团、上海新华发行集团、解放日报报业集团、上海文化广播影视集团、上海文艺出版总社等文化集团。通过把原市属文化企事业单位划分为国有文化事业单位、重要新闻单位、需要转制的经营性文化事业单位、国有独资文化企业，进一步推进转制或股权改革。

上海把广播影视、报刊出版、文化娱乐确定为三大文化产业，还先后建立了文化产业风险投资、担保资金、上海文化产权交易所（版权交易中心）、全国第一家华人文化产业投资私募基金。近年来在继续发展新闻出版、广播影视、文化娱乐主体文化产业的同时，积极发展文化创意、新媒体等新兴文化产业，促进文化与科技融合发展（图6.1）。

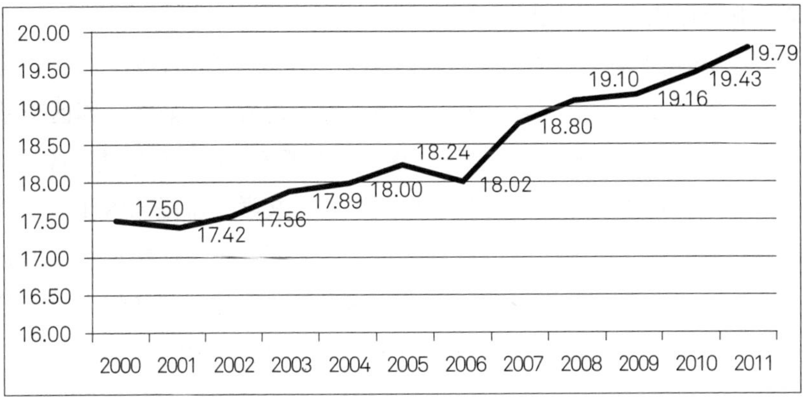

图 6.1 2000—2011 年上海文化产业总产出与上海总值比

资料来源：施国芳《文化产业对上海城市经济转型发展的影响》，《浙江大学学报》2016 年 1 期，118 页。

2004 年 10 月，上海张江文化科技创意产业基地挂牌成立，同年 12 月，首届上海国际创意论坛召开。2005 年 4 月，由上海市经委牵头成立了上海创意产业中心、上海创意产业协会、上海视觉艺术学院，同年，首批挂牌成立了 18 家创意产业集聚区。2009 年，上海出台了《关于加快本市文化产业发展的若干意见》，率先编制了《上海创意产业十一五发展规划》，指出上海创意产业要“伴随全球产业结构调整和升级而迅速发展”。

2010 年，上海成立文化创意产业推进小组及其办公室，制定完成《上海市文化创意产业分类目录》，成功加入联合国教科文组织“创意城市网络”，被联合国教科文组织授予“设计之都”的称号。2017 年 12 月，上海正式出台《关于加快本市文化创意产业创新发展的若干意见》（简称“文创 50 条”）。

2012 年开始，上海设立每年 3 亿元的市级促进文化创意产业发展财政扶持资金。上海创意产业已形成研发设计创意、建筑设计创意、文化艺术创意、时尚消费创意、咨询策划创意五大重点领域。文化创意产业已形成为上海重要的支柱产业。

2004 年上海张江高新技术园区率先在园区内建立了文化科技创意产业基地，重点发展网络游戏、动漫、数字内容、新媒体。园区荟萃了沪江网、今日动画、河马动画、喜马拉雅 FM、蜻蜓 FM、聚力传媒、中文在线、炫动卡通、方正数字出版、盛大文学、雅昌艺术印刷、卓越亚马逊等国际、国内的行业龙头企业，先后获得了“国家数字出版基地”、“上海市文化科技创意产业基地”、文化部“文化产业示范基地”、国家级“文化与科技融合产业示范基地”等称号。

遗产保护

上海遗产保护历史与制度

上海拥有丰富的近现代历史文化遗产，是国家公布的第二批历史文化名城之一。长期以来，上海十分重视城市建成遗产的保护工作。

1989 年，上海首次提出了优秀近代建筑保护名单。1990 年，上海市人民政府正式公布了上海市第一批优秀近代建筑，发布《上海市优秀近代建筑保护管理暂行规定》。1991 年 12 月，上海市人民政府颁布《上海市优秀近代建筑保护管理办法》。

1991 年，上海编制《上海市历史文化名城保护规划》，除了重视建筑单体的保护外，对城市整体性历史风貌进行保护。1999 年编制《上海市中心区历史风貌保护规划》。2002 年颁布《上海市历史文化风貌区和优秀历史建筑保护条例》，确定了包括外滩、人民广场、衡山路—复兴路、老城厢、江湾、山阴路、南京路、愚园路、龙华、提篮桥、新华路和虹桥在内的 12 个历史文化风貌区，并将保护建筑的对象由 1949 年以前建成的近代建筑，扩大到具有 30 年以上历史的建筑。2005 年，市政府批准了《上海市郊区及浦东新区历史文化风貌区范围》，确定了郊区及浦东新区范围内共 32 个历史文化风貌区。上海还将城市创意产业发展与产业遗产保护相结合，开启上海工业遗产保护发展的创新之路。

上海建立并逐步完善了严格的城市历史文化遗产保护管理制度。2003 年 10 月，上海市成立“雕塑与景观管理处”，管理全市历史风貌保护、城市景观规划编制、设计及相关行政许可事务，建立了上海市规划局、市房地局、市文管会三家单位共同管理的机制。2005 年，上海市政府正式成立“上海市历史文化风貌区和优秀历史建筑保护委员会”，下设由规划局、房地资源局和文管会组成的办公室。

2014 年，颁布《上海市城市更新实施办法》，强调上海实施动态、可持续的有机更新，其中包括塑造城市特色、保护历史风貌等。

2017 年 2 月，时任上海市委书记韩正提出，要提升城市文化软实力，要以“海纳百川、追求卓越、开明睿智、大气谦和”的城市精神引领文化发展。当前要特别强调传承城市历史文脉、留驻城市记忆，严而又严地保护好上海老建筑和风貌区。必须下大决心、采取严格措施，改变过去大拆大建的旧区改造思路，确立城市有机更新、以保留保护为主的全新思路。中心城区，尤其是内环线以内，老建筑要以保留保护为原则，拆除为例外。与此同时，尽最大努力建立机制、创新办法，改善旧区内群众的居住条件。

2017 年 6 月，上海市政府印发《关于深化城市有机更新促进历史风貌保护工作的若干意见》，提出了“以保留为原则，拆除为例外”的总体要求，遵循“规划引领、严格保护，区域统筹、分类实施，政府引导、多方参与”的原则，按照整体保护的理念，积极推进历史风貌保护工作，改善居民生活环境。《意见》明确提出建立历史风貌保护及城市更新专项资金，支持经认定的历史风貌保护相关支出及重点旧改地块改造、配套基础建设完善以及旧住房和保护建筑修缮改造补助等。还要求相关部门加快出台规划和土地支持政策，研究历史风貌保护开发权转移机制，将历史风貌保护与城市开发管理统筹思考，探讨历史城区的可持续发展创新管理机制和更新策略。

基于商业开发的文化遗产保护

从 20 世纪 90 年代初外滩建筑功能置换开始，上海意识到历史建筑除了向人们传递丰厚的历史文化内涵之外，还蕴含着巨大的商业发展机遇，因而城市遗产的“经济价值”逐渐成为人们关注的焦点。进入 21 世纪，在彰显城市历史与文化特征的同时，上海结合老旧空间与建筑改造，发展文化创意产业，努力建设一个文化商业主义的世界城市。

（1）上海新天地。位于淮海中路南侧，东起黄陂南路，西至马当路，北沿太仓路，南接自忠路，占地面积 3 万平方米，建筑面积 6 万平方米，是上海市卢湾区太平桥地区旧城改造项目的一部分。20 世纪 90 年代，此地大部分房屋破旧不堪，许多已近危房。新天地广场北里作为改造计划的一期项目，在太平桥地区控制性详细规划中被界定为历史文化保护区。

新天地的开发目标是从完善和提升上海城市功能、增强上海城市竞争力和改善城市品质出发，把百年石库门旧城区改造成集餐饮、商业、娱乐、文化于一体，拥有一种人文和历史底蕴、具备综合服务功能的国际化、世界级的商业社区。该项目总投资约 1.5 亿美元。自 1999 年开工建设，2001 年大体建成。

新天地是典型的由上而下的开发模式。卢湾区（今黄浦区）政府从规划层面对开发商进行引导和调控，为鼓励开发商参与旧城改造，出台减免、缓交土地使用费等优惠政策，并作为投资主体参与项目开发和拆迁安置等工作。开发商投入资金，完成空间改造从规划设计到建设的全过程，获取空间增值利益。为满足对地块的历史文化保护要求，开发商投入 13 亿元对新天地建筑进行修整，同时为了实现资本增值，采用容积率外推方法将新天地的容积率损失转移到周边地块，实现总体巨额赢利。[12]

新天地被认为创造了上海旧城改造的一个奇迹。不但成为上海著名的休闲游览胜地，还带动片区房价大幅飙升，无论对来自国外的游客还是对来自其他城市的国人来说，似乎不到新天地就不算到过上海。新天地也成为中国其他各地推动文化创意产业、促进城市更新争相模仿的标杆。此后在中国许多城市里，涌现出了各种各样的“新天地”。

（2）思南公馆。1909 年比利时商人奥尼尔等人创办了上海著名

12. 姜文锦等《我国旧城改造的空间生产研究——以上海新天地为例》，《城市发展研究》2011 年 10 期，87 页。

的义品地产公司。1920 年始，义品地产公司购进了复兴中路以南、马思南路东侧的三十余亩土地，开始逐年兴建富有欧洲乡村别墅风格的独立式花园洋房。新中国成立后，思南路保留了原有历史风貌。“文化大革命”期间，原来只住一户的小洋房挤入了“72 家房客”，独立式花园洋房变成了大杂院。2003 年上海市确定了 12 个历史文化风貌保护区，思南路 47、48 街坊成为衡山路—复兴路历史文化风貌保护区的重要组成部分。

思南路改造计划主要是指现在的思南公馆区域。项目对整个街坊进行成片的形态保护，对地块环境、建筑物进行全面的整治和修缮，以恢复别墅原有风貌和小区环境。项目总建筑面积约为 7.88 万平方米，其中保留保护老建筑近 3 万平方米，新建建筑 2.7 万平方米、地下空间 2.2 万平方米。20 世纪 30 至 40 年代许多有名的文化人、政治家、商人都曾在此居住，因应历史痕迹，思南路改造计划的目标，是使其成为具有上海近代独特文化和历史特点的、高品质的生活居住及商业休闲社区。

在思南路改造项目中，上海市提出建立“政府扶持、企业运作、市民参与”的运作机制，政府不直接介入更新改造项目，而只是提供政策上的支持和公共设施建设。企业在保护规划的指导下，对城市遗产区进行保护更新和再开发利用，通过历史文化遗产本身所具有的市场价值，以及新的合适的功能定位，来得到长期的利益。[13] 期间由于多方利益博弈，思南路的改造至少经历了 10 年才告完成。

（3）莫干山路 50 号（M50）。位于上海市普陀区澳门路以北、昌化路以东的苏州河中段南畔，是莫干山路历史工业区的一部分。莫干山路历史工业区是上海乃至中国民族工业发展兴盛的代表和标志，拥有 20 世纪 30 年代以来各个历史时期的工业建筑，包括阜丰面粉厂、福新面粉厂、信和纱厂与信孚印染厂等在内的重要工业厂房都位于此

13. 阮仪三《城市遗产保护论》，上海科学技术出版社，2005 年，133 页。

地。其中，M50 最原始的前身——始创于近代徽商代表人物之一周氏的家庭企业——信和纱厂（后更名春明毛纺厂），1949 年后几经变革和扩建，60 余年内累计建造厂房 4 万平方米，形成了完整的聚落风貌。

1999 年春明毛纺厂资产重组，厂房 4 万余平方米调整出租，与此同时出租的还有著名的西苏州路 1131 号仓库和其他几个厂房。在 1998 年亚洲金融危机时期，这块土地的开发商将厂房租赁给艺术家作为工作室，结果聚集了大批自由艺术家在老旧工业厂房进行艺术创作，并且自发性地将这块工业空间塑造为艺术工作场所，营造出浓厚的艺术气息，一个文化创意产业集聚区逐渐自发形成。也因此使得上海政府对这里的规划发生转变，同意保留老旧工业厂房作为文化创意产业空间，从拆迁转为支持的角色。[14]

2000 年起，在上海市经济信息化委员会和纺织控股集团公司的支持下，春明毛纺厂逐步将 M50 定位为以视觉艺术和创意设计为主体的艺术家工作室、文化艺术机构和设计企业集聚区。经过十几年发展，从最初十几个画家的工作室和三家国内外画廊开始，渐渐吸引了来自 20 多个国家和地区的 130 余户艺术家工作室、画廊、高等艺术教育以及各类文化创意机构，已经成为苏州河乃至上海最大的文化创意产业基地之一。今天的 M50 已经不仅仅具有艺术品的创作、展示和销售功能，它还在文化创意功能定位的基础上发展出艺术交流、食宿、会议、演出等功能，俨然形成了一条文化产业链。

（4）田子坊。原名志成坊，位于上海市黄浦区泰康路 210 弄，前身为 20 世纪初开始在街区内逐渐聚集起来的各式里弄住宅、花园住宅和里弄工厂，建筑具有浓郁的海派文化、老城厢风情。20 世纪 90 年代改革开放后，由于产业结构调整，工厂效益逐年下滑，导致泰康路若干厂房闲置。1998 年 12 月，一路发文化发展公司首先进驻泰康路，揭开了泰康路上海艺术街的序幕。不久又有著名画家陈逸飞，尔冬强、

14. 洪启东、童千慈《从上海 M50 创意园看城市转型中的创意产业崛起》，《城市观察》2009 年 3 期，102 页。

王劼音、王家俊等艺术家，以及一些工艺品商店先后入驻泰康路，使原来默默无闻的里弄小街渐渐吹起艺术之风。此后在政府支持下，通过租赁、转让、置换等方式，逐步把旧厂房、旧民宅改建成为画家工作室、艺术家设计室、画廊、摄影室、陶艺馆、时装展示厅等，渐渐形成以室内设计、视觉艺术、工艺美术为主的产业特色，吸引了包括来自韩国、澳大利亚、新西兰、法国、英国、新加坡、日本、中国香港等在内的 26 个国家和地区以及国内 20 个省市的 179 家中外创意企业入驻。[15]2005 年田子坊成为上海市第一批授牌的创意产业聚集区，并且获得“2006 中国最佳创意产业园区”奖项。

田子坊起初并非政府规划项目，几度面临被拆迁命运。按 2004 年官方方案，田子坊石库门旧里弄的商业街坊都要被拆除并作台湾日月光地产。田子坊之所以保存下来、发展起来，从宏观上说，是上海从工业城市向后工业城市的转型，为其更新改造提供了广阔的社会经济基础；从根本上说，是田子坊发展出一种有效的地方精英与草根市民合作开发模式。居改非则使居民直接参与城市发展项目，为居民带来了实际的利益，从而赢得了社区居民的广泛支持。

基于商业开发的文化遗产保护，经常被认为，使得许多具有明显特征性的历史性建筑，虽然免于被拆迁的境地，但已“面目全非”，丧失了原真性，成为新一代的旅游产品符号。商业化的历史建筑活化、旧区改造是在市场经济利益最大化的驱使下产生的，它往往违背历史遗产保护公平性的原则，使得占绝大多数的普通市民无法行使其享有和接近历史遗产的权利，也无法让商业开发所带来的发展成果惠及他们。以艺术始、商业终，也是国内大多数艺术产业园区所共同面临的困境。

15. 朱荣林《解读田子坊》，文汇出版社，2009 年，35 页。

基于公共空间的历史性建筑再利用

近年来，在历经商业化开发之后，上海文化遗产保护融入城市公共空间体系的新观念与新策略，基于公共空间的历史性建筑再利用的探索实践也出现了。

（1）张爱玲故居。一座位于苏州河南侧的红砖老洋房，建于辛亥革命前，乃李鸿章之女、张爱玲的祖母李菊耦的陪嫁之一，这笔丰厚的嫁妆荫及张爱玲的童年和少年。李菊耦去世之后，先被出租，后则空置。自 1956 年起，更是几经易主。

张爱玲故居在改建为石门二路社区文化中心之前，承租权已经归属一家企业公司。2008 年上海医药职工大学将承租权转让给石门二路社区文化中心，由此从原初的一个商业项目转变为一项惠及民生的计划。

石门二路社区文化中心由非营利机构华爱社区服务管理中心托管运营，统筹各社区组织开展文化活动。目前，石门二路社区文化中心的日常服务项目主要包括汉未央[16]、东方信息苑、体育健身、武定书场、图书馆、社区学校、文体表演等。此外，社区中心每年都有一些特色服务项目。根据 2012 年资料，特色品牌项目主要包括：文化之旅——长者与志愿者交流共进；Sunny 营暑托班——社区儿童的乐园；夕阳红姐妹驿站；文体小广场等。

（2）丰子恺旧居。距离淮海中路与陕西南路交会处不远的长乐邨，是租界时期修建的住宅区，内有七排两到三层的坡顶联排别墅，129 个单元。1954 年，丰子恺和他的家人搬到长乐邨 39 弄 93 号的小楼里，他为之取名“日月楼”，在这里一直住到 1975 年去世。“文化大革命”期间，一楼被房管所造反派强占，丰子恺全家十几口人挤在二楼和三楼。1975 年丰子恺去世后，后人以置换方式搬离此处。2008 年，丰

16. 汉未央，全称“上海汉未央传统文化促进中心”，挂牌成立于 2011 年，是受政府领导、管理和扶持的民办非企业机构。其前身汉未央社团作为民间组织建立于 2005 年。多年来，汉未央以不断提升的专业能力、持续规范的组织运作和始终保持的群众态度，致力于华夏民族服饰文化、礼乐文明、岁时节日、生活方式的传承与弘扬，成为上海汉服、汉文化领军组织，是中国青年传统文化复兴运动中具有相当影响力和号召力的旗帜性组织。

子恺家属购回了日月楼二层和三层共 65 平米，经整修复原为“丰子恺旧居”，并于 2010 年免费对外开放，展出丰子恺生平、绘画、文学、艺术、译作和书法作品，以及其代表性漫画、书法复制品，现已成为上海颇具影响的人文景点。

丰子恺旧居纪念馆由丰家后人自发自费举办，属于非经营性的公益行为。现由丰子恺的家属（主要是退休人员）负责日常管理工作，周三到周日为固定开放时间，家属轮流值班，也有志愿者协助管理。还成立了丰子恺研究会。丰子恺旧居日常维护费用的主要来源，是开发、销售丰子恺漫画作品所得，以及丰子恺研究会的会费，但都相当有限。

（3）邬达克纪念馆。邬达克旧居建于 20 世纪 30 年代初期，为乡村都铎风格。自邬达克搬离之后，这幢建筑的主人与用途不断变化，后闲置多年。2011 年刘素华与朱建英女士共同投资邬达克旧居修缮项目。经过修缮之后的邬达克旧居改为邬达克纪念馆，常年举办文化交流、艺术鉴赏与沙龙、建筑设计论坛等活动。2018 年正值建筑师邬达克来到上海百年纪念，邬达克纪念馆举办了规模宏大的“邬达克年”系列活动。

（4）上海当代艺术博物馆。1897 年，清政府上海马路工程善后局在十六铺老太平码头创建南市电灯厂，1918 年又成立上海华商电力股份有限公司，1955 年定名为南市发电厂。2006 年，南市发电厂面临存续困境，正逢 2010 年世博会将对园区范围内老建筑尤其是近现代工业遗产，进行大规模保护与再利用，南市发电厂主厂房拥有长 128 米、宽 70 米、高 50 米的庞大体量，165 米高的烟囱也具有明显的区域标志特征，其内部空间和外部形态相对完整并拥有强烈的工业文明气息，被定位为展示城市发展与未来走向的城市未来馆，世博会结束以后，又被改建成为上海第一座公立当代艺术博物馆。

上海当代艺术博物馆经历了 6 年艰辛的建筑改造，对原有南市发电厂进行了有限干预，目的在于最大限度地让厂房的原有秩序和工业遗迹特征得以体现：高耸的烟筒、平台之上的发电机、巨型行车以及屋顶上的4个巨大的煤粉分离器，同时使这些历史遗存的特征性元素成为现实语境中的真实参与者，并对当代艺术产生真正的现实动力。[17]

目前，上海当代艺术博物馆除了定期举办双年展之外，还不定期举办各种城市空间展、书画展、现代装置展等，周末还会定期举办儿童艺术训练营。因此，上海当代艺术博物馆并不仅仅是扮演着文化传播者的角色，还在一定程度上促进了城市居民广泛参与城市文化与艺术实践。

在上海，通过将历史建筑改造为文化中心、老年活动中心、博物馆或纪念馆，使越来越多的历史建筑走进公众社会生活而重获新生，从而开辟了历史建筑再利用的新途径。具有历史性、地方性和日常生活特征的公共空间，也推动了城市公共文化发展，丰富了积极、充满活力的城市生活，让人们在这些古老的环境中体验千百年来的城市变迁，发现自己与城市、社区的历史关联，从而建立个人的身份认同感、归属感与安全感。

滨江两岸历史文化遗产保护新探索

2010年，上海市宣布实施“黄浦江两岸综合开发计划”，计划用10年以上的时间，实现黄浦江两岸滨江地区的功能转换，将黄浦江两岸滨江地区的交通运输、仓储码头、工业生产等功能转换为金融贸易、文化旅游、生态居住等功能。2011年上海市“十二五”规划明确表示，要“注重城市发展与历史文化的衔接，集聚发展文化创意产业，开展多样化的文化交流活动，彰显黄浦江两岸地区的城市个性魅力”。

整个黄浦江两岸滨江空间长45公里，分别位于浦东、黄浦、徐汇、虹口、杨浦五个区。杨浦滨江位于黄浦江岸线东端，被称为上海滨水“东

17. 章明《新博览建筑的文化策略：以上海当代艺术博物馆为例》，《建筑学报》2012年12期，69页。

大门”，拥有15.5公里绵长的滨江岸线，是五个区中最长的。1869年，公共租界当局在原黄浦江江堤上修筑杨树浦路，拉开了杨浦百年工业文明的序幕。1937年，杨浦滨江段有57家外商工厂，民族工业已发展到301家，成为20世纪上半叶中国近代重要的工业基地，创造了中国历史上众多工业之最。其中杨树浦水厂、杨树浦煤气厂和杨树浦发电厂建成时间早、规模大，是当时上海的能源供给中心。

随着黄浦江两岸综合开发重大发展战略的提出，杨浦滨江工业遗产得以改造再利用，逐步转变为城市发展新的动力源。滨水区域改造成为市民经常活动的滨江公园，逐渐成为上海极具人气的公共空间，也成为市民的生活空间。

徐汇滨江地区曾是中国近代民族工业的摇篮之一，曾集聚了包括龙华机场、上海铁路南浦站、北票煤炭码头、上海水泥厂等众多工业设施和重要的民族企业。2012年，徐汇区发布《文化发展三年行动计划》，提出“西岸文化走廊”品牌计划，将徐汇滨江密集的工业遗产有计划地改造为一系列文化场馆和城市公共空间，打造文化产业高地。同年，龙美术馆（西岸馆）、余德耀美术馆同时签约落户徐汇滨江。2014年，龙美术馆（西岸馆）正式开馆运营。2015年，西岸艺术中心、上海摄影艺术中心、西岸文化艺术示范区、东方梦工厂、西岸传港、水边的阿芙蒂娜剧场等一系列机构场馆开放。

为了配合这一品牌工程，徐汇区委、区政府成立西岸集团，由徐汇土地发展有限公司和上海光启文化产业投资发展有限公司等企业组建而成，负责徐汇滨江地区综合开发建设，其下有土地收储、地产开发、资产管理、文化产业、项目公司五个子公司，同时吸收一些的民间资本参与。建筑改造由几位明星建筑师领衔，由国内外一线设计师担纲设计。在实施过程中根据游客意见、市民信访优化设计、改造近20项。政府主导、组织了多项艺术活动，持续性地满足不同受众的文化活动要求，增强了城市活力，增添了西岸文化走廊的活力和西岸地区的整体影响力。

经过三年多的发展，徐汇滨江的西岸文化走廊已经成为艺术展示的重要据点、市民游憩空间。与此同时，由于一批文化创意传媒企业，以及商业业态的布局和基础设施的完善，促进了区域的发展和产业的升级，实现了由工业生产空间向创意园区、商区、生活综合空间的过渡。

结语

上海模式

新中国成立 70 年来，特别是改革开放 40 年来，上海这座城市发生了翻天覆地的变化，在经济社会发展、城市建设等方面取得了辉煌成就，走出了一条发展中国家建设国际大都市的独特道路。也许，正如有些学者指出的，我们不能“继续以其前殖民地遗产及集体回忆去定义自己及其将来”，我们应该认真总结这 40 年来的经验，并提炼城市理论，为今后的城市发展提供指导，为其他国家的城市化提供借鉴。

国家战略

由于在国家中的重要地位，上海城市的发展向来被视为一项国家战略。即便建国初期，出于工业布局调整和国防安全考虑，上海并没有被列为国家投资建设的重点城市，但作为全国最大的工业基地和工商业城市，仍然担负着十分重要的任务——在国家的计划下积极地支持全国的经济建设。1978 年改革开放后，中央对上海提出新要求，指出改造、振兴上海不仅是上海市的大事，也是关系我国四个现代化建设的大事，上海要成为全国四个现代化建设的“开路先锋”。20 世纪 90 年代浦东开发开放，按照邓小平的说法，不只是浦东的问题，更是关系上海发展的问题，是利用上海这个基地发展长江三角洲和长江流域的问题。进入 21 世纪，中央支持上海建设四个中心和社会主义现代化国际大都市，更是在我国整体经济实力不强的情况下，推动上海代表中国参与全球经济进程所做出的巨大努力。

正是由于作为一项国家发展战略，在上海崛起的过程中，我们可以充分领略到“国家的意志和力量”，尤其是在上海发展的每个关键时刻，中央都会给以坚定指导和强有力的支持。建国初期，在上海经济下滑时，中央提出要“好好地利用和发展沿海的工业老底子”“上海有前途，要发展”。20 世纪 80 年代被认为是新中国成立后上海最困难的时期，中央政府指导上海制定了经济发展战略，提出“力争到本世纪末把上海建设成为开放型、多功能、产业结构合理、科学技术先进、具有高度文明的社会主义现代化城市”。1986 年 9 月，国务院批准上海扩大利用外资，自借自还 32 亿美元，用于工业技术改造和城市基础设施建设。“94 专项”是上海经济发展和投融资改革发展的转折点，是中央给予上海的一个非常关键的支持，解决了上海中长期发展面临建设资金不足的问题。为了加快浦东开发开放，中央政府先后于 1990 年、1992 年、1995 年三次比较集中地赋予一系列扩大对外开放的特殊政策。2005 年，国务院批准浦东进行综合配套改革试点，要求浦东深入推进企业、市场、社会、政府四位一体的改革，着力改变政府职能、着力改变经济运行方式、着力改变城乡二元经济与社会结构，率先建立起完善的社会主义市场经济体制，为推动全国改革起示范作用。2008 年，上海遇到金融危机的外部冲击，2009 年 4 月 15 日，《国务院关于推进上海加快发展现代服务业和先进制造业，建设国际金融中心和国际航运中心的意见》明确提出，到 2020 年上海基本建成与中国经济实力以及人民币国际地位相适应的国际金融中心、具有全球航运资源配置能力的国际航运中心，为上海率先转变经济发展方式带来了新的历史性机遇。在面临世界经济格局大变革、中国对外开放新格局的情况下，2013 年，国务院相继批准上海率先设立中国（上海）自由贸易试验区、建设国家科创中心。

2014 年，习近平总书记在上海考察时指出，上海作为全国最大的经济中心城市，在国家发展大局中占有重要位置，要抓住机遇，锐意进取，继续当好全国改革开放排头兵、科学发展先行者，不断提高城市核心竞争力，开创各项工作新局面。他强调，发挥上海在长三角地区合作和交流中的龙头带动作用，既是上海自身发展的需要，也是中央赋予上海的一项重要使命。要按照国家统一规划、统一部署，围绕落实全国城镇化工作会议精神，参与丝绸之路经济带和海上丝绸之路建设、推动长江经济带建设等国家战略，继续完善长三角地区合作协调机制，努力促进长三角地区率先发展、一体化发展。并要求上海各级干部要放眼全球、放眼全国，不断提高战略思维、战略把握、战略运作能力，谋发展、创业绩，不仅争创国内一流，而且敢于到国际上去比较、去竞争。2018 年 11 月，习近平总书记出席首届中国国际进口博览会开幕式并对上海进行考察，代表中央交办上海三项新的重大任务：增设上海自贸试验区新片区、设立科创板并试点注册制，将长三角区域一体化发展上升为国家战略。

总之，上海是中国的上海、国家的上海，与整个国家战略和国家体制休戚相关，或者说，为“国家所塑造、并依赖于国家背景”。因此，要理解上海，就必须解释它跟国家的关系，以及这种关系给上海这座城市带来什么样的影响。[1]

一个强势有为的地方政府

在计划经济年代，中国是一个中央高度集权制的国家，地方政府的权力空间非常有限。改革开放以后，为了调动地方的积极性，在保持中央政府对城市战略规划的控制和指导权，对地方政府大型项目的审批权、重大政策的决定权的同时，中央与地方适度分权，赋予地方政府更大的政治空间，使城市有能力根据国内外形势，尽可能迅速地做出反应，制定和执行城市的发展战略。在城市发展问题上，地方政府有了一定的自主性。

上海市政府具有远大的眼光、坚韧的意志和丰富的城市治理经验与智慧，能够进行前瞻性、长期性、战略性思考。改革开放之后，上海的发展特点是每到关键问题、关键时刻，就会进行城市发展战略的大讨论，提出新的战略目标定位及形成比较清晰的发展思路，并将其体现或落实在上海城市总体规划、经济社会发展五年规划中，以统领

1. 周武《边缘缔造中心：历史视域中的上海与江南》，上海人民出版社，2019 年，205 页。

一个阶段的各项工作，保证重大举措及政策实施的连续性和综合性。这种战略思考转化为战略行动，已成为推动上海经济社会发展的一个优良传统，并形成鲜明的上海特色。[2]从中国的国情和上海的市情出发，上海市政府创造性地把中国共产党的路线、方针和政策转化为上海改革开放的实际，形成和积累了一些比较成熟的经验和做法，即四个“统一”：开拓性、坚韧性和操作性的统一，改革、发展和稳定的统一，重点突破和整体推进的统一，连续性、稳定性和开创性的统一。[3]

上海市政府是一个能为政府，有较高的效率、较强的执行力。改革开放以后，上海市政府具有了更大的自主权，有了自主发展的动力和财力，进行了以建立“服务政府、责任政府、法治政府”为目标，以机构调整、职能转变和行政审批改革为主线的行政管理体制改革。同时，推行权力下放政策，将城市权力不断由市向区、由区向街居转移，从而构建了城市分级治理体制。上海市政府还通过撤销行政性公司、企业主管局，建立国有资产管理委员会，发展行业协会和中介组织，剥离城市政府经济职能，重构政府与市场的关系。通过发展社会组织，鼓励公众参与公益活动和社会公共事务，增强自我发展和服务社会能力；在街道层面推动社区共治，在居委会层面开展基层民主自治，提高社会自身治理能力和水平；推进决策民主和政务公开，充分吸纳民意和专家意见；重构政府与社会的关系。在上海，从上而下的政府管理体制与广泛参与的市场社会机制结合起来，创新了城市治理形式，提高了城市治理能力，有效地推动和保障了上海经济社会的持续发展。

对外开放与全球化

著名历史学家周武指出，历史上的上海与中国其他城市最大的不

2. 周振华、洪民荣《上海改革开放 40 年大事研究》（卷二），格致出版社，2018 年，259 页。
3. 周振华《上海改革开放 40 年大事研究》（卷二），格致出版社，2018 年，259 页。

同就在于它的国际化和全球性。大上海兴起，是与其全球化的历史紧密地联系在一起的，是在与世界经济、文化日益紧密的互动中成为远东著名的国际金融中心和贸易中心、工业中心的。

20 世纪 30 年代，上海进入其历史上的黄金时期，成为与纽约、巴黎、伦敦、东京并驾齐驱的一个国际大都市。这时的上海被称为“西方的纽约”和“东方的巴黎”。如前文所述，按照 1934 年世界大城市人口排名，前六名依次是伦敦、纽约、东京、柏林、芝加哥和上海。1935 年上海人口超过芝加哥，排名第五，时人习惯上称上海为世界第六或第五大都市。甚至直至 20 世纪 80 年代初，上海中心城区格局包括市政设施、住宅区状况，仍然几乎全是三四十年代留下来的，城市轮廓线、街道面貌基本未变，只不过初建时属于世界先进的市政设施因长期得不到更新而严重老化，上海不免显得“老气横秋”，曾经的国际化大都市风光不再。[4]

改革开放后，全球化、信息技术的发展，给上海这座曾经的世界城市带来巨大机遇。上海积极引进西方先进技术、管理和资金，吸引跨国公司，发展对外经济贸易，获得了快速发展。为了同国际接轨，上海在行政、法律上进行了适应全球化的改革，包括简化行政流程，改善政府工作效率；对原有涉外经济法规进行全面清理，为外商提供公正、透明、稳定的法制环境；建立国际社区等。上海还通过多种咨商机制，吸取国际经验和世界智慧，如每年召开世界城市论坛，邀请国际机构、国际组织对城市发展战略进行研究，提出政策建议。其中最成功的莫过于上海市市长国际企业家咨询会，至今已举办 30 届，几乎涉及上海各个领域迫切需要解决的所有重大问题。上海城市发展的许多思路，都来自上海市市长国际企业家咨询会与会者们真知灼见的启发。在上海城市政治中，经济全球化的力量已渗入了城市决策过程。

4. 周武《上海学》，上海人民出版社，2015 年，22 页。

多元化的经济结构

改革开放以来，上海经济转型，对经济所有制结构进行了战略性调整，多种经济成分共同发展。（1）国企。新中国建立后，上海成为我国国有企业最为集中的地区。20 世纪 80 年代起，上海先后进行了利改税、承包制等一系列扩大企业自主权的国企改革。进入 21 世纪，上海又推进了现代产权制度改革和国有资产管理体制改革。总体而言，国有企业规模在不断收缩，所占经济比重下降。不过，在上海这座城市的整体经济与社会发展中，国有经济仍然发挥着主导和控制作用，且各类资本相互渗透，实现形式愈加多元化。（2）外企。旧上海外资企业在上海开埠后出现，在 1895 年甲午战争后发展壮大起来。新中国成立后，外资企业成为国有企业一部分。随着中国的对外开放，上海外资经济逐步发展起来。如今外资经济已成为上海经济发展的重要力量，促进了上海经济结构的调整，推动了支柱产业和高新技术产业的发展，扩大了外贸出口，加快了城市基础设施建设，在保持上海国民经济持续稳定增长中发挥了重要作用。（3）私企。上海私营经济在发展过程中遇到强大的国有经济和外资经济的夹击，空间和余地有限。因此上海民企规模普遍偏小，少有国内知名企业。外地民企迁入上海，成为壮大上海民营经济的重要力量。

新中国成立后，中央决定上海集中力量发展工业，特别是机械、冶金和化工等重工业。1953 年起，上海被确定为国内先进的综合性工业基地和科学技术基地。此后，上海工业在国民经济体系中占据主导地位。至 20 世纪 90 年代中期，上海基本上还是一个以工业经济为主的生产型城市，工业生产具有压倒性优势。1992 年，上海推动经济转型和产业升级，进行产业结构战略性调整，将产业结构从传统的“二、三、一”调整为“三、二、一”。在“三、二、一”产业发展方针指引下，上海第二产业的比重不断下降，第三产业的比重逐步上升。1999 年服务业增加值所占比重达到 49.59%，首次超过第二产业 1.16 个百分点。

2000 年，第三产业占国内生产总值的比重首次超过 50%。2012 年，上海二产的比重下降为 39.36%，三产的比重超过 60%，第三产业已成为上海国民经济的主导产业。

2003 年上海提出“两个长期坚持和两个优先发展”。两个长期坚持，即长期坚持上海产业发展的“三、二、一”产业发展方针，长期坚持第二产业和第三产业工共同推进上海经济发展；两个优先发展，即优先发展先进的制造业，优先发展现代的服务业。上海还大力推动制造业和服务业融合发展。

正是由于上海经济结构的多样性，避免了一些国际城市的“过度虚拟化”或“产业空心化”，使上海在面对外部经济波动或风险时，能够具有较强的抵御能力。这被学者们认为是上海经济在下行周期中始终保持“降速而不失速”的根本原因。

包容性发展

改革开放以来，上海始终以经济发展为优先考虑，在地区生产总值和人均 GDP 方面有了极大提升（图 7.1）。

上海建设的是社会主义国际大都市，在发展市场经济和对外开放的同时，努力维护大多数民众的利益，并为经济的持续发展创造有利的社会条件。因此，上海在推出适合经济发展的各种社会政策方面有一定的自觉性和及时性。[5] 比如配合住房商品化进程对住房制度进行改革（1992 年）；成立慈善基金会积极开展社会救助（1994 年）；配合国有企业改革，设立按系统的下岗职工再就业服务中心（1996 年）；设立最低生活保障线、最低工资线，及时推行医疗保险制度改革，等等。

2006 年 10 月，中共中央十六届六中全会提出构建社会主义和谐

5. 卢汉龙《上海社会发展蓝皮书》，上海社会科学院出版社，2005 年，8 页。

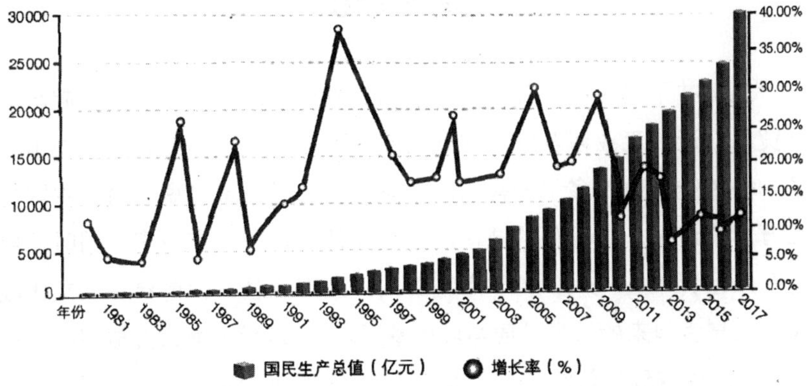

图 7.1 1980—2017 年上海国民生产总值变化情况

资料来源：上海市人民政府发展研究中心《上海高质量发展战略路径研究》，格致出版社，2019 年，22 页。

社会的重要战略目标，全会通过的“中共中央关于构建社会主义和谐社会若干重大问题的决定”明确提出：“以解决人民群众最关心、最直接、最现实的利益问题为重点，着力发展社会事业，促进社会公平正义、建设和谐文化、完善社会管理、增强社会创造活力，走共同富裕道路，推动社会建设和经济建设、政治建设、文化建设协调发展。”中央的这些要求形成对地方政策的重要指导。上海确立了进一步完善社会政策的指导思想，即“要分类、有梯次、保基本、广覆盖”。要分类，就是不能用一套制度解决所有人的保障；有梯次，就是要满足不同层次的保障需求；保基本，就是要尽力而为、量力而行，不提不切实际的口号；广覆盖，就是努力做到各类社会保障基本全覆盖。

近年来，上海更加强调均衡发展，更加注重社会再分配。通过持续多年的不懈努力，上海已建立起与其经济发展水平相适应的范围广泛、统筹城乡、覆盖各类人群的社会政策体系，实现了从应急式向制度化、从生存型向发展型转变，让更多的人共享改革发展的成果。

海派文化

上海并不是在中国传统城市基础上发展起来的，上海的崛起与对外贸易、近代工业以及中西文化交流联系在一起，因此，这座城市少了一些传统气息，多了一些西方或现代化色彩，或者说上海是中国受西方影响最大、最西化的城市。把世界带到这个城市中来，同时把自己融入世界中去——一种“海纳百川、追求卓越”的世界主义文化成为上海与生俱来的城市品质与城市基因。”[6]近代上海人开放包容，精明务实，讲究现代契约精神，崇尚理性，被称为“新型现代中国人”。

新中国的成立，为上海这座城市揭开了新的历史篇章。新上海的目标是建设一座清洁、健康、奋发向上的社会主义大城市。围绕“为国内生产与为中国人民服务的新上海”，建设“先进的工业基地和科学技术基地”的基本方针，中国共产党对城市精神进行再造，[7]树立了社会主义建设时期敢为人先的创新精神、服务全国的大局意识、精益求精的敬业态度，从而为这座城市赋予了诸多新的精神品质，成为推动上海自身发展和支援全国经济建设的强大动力。

进入21世纪，在全市“上海城市精神”大讨论基础上，上海将城市精神表述为“以海纳百川而服务全国，在艰苦奋斗中追求卓越”，简称为“海纳百川、服务全国、艰苦奋斗、追求卓越”。此后对上海城市精神又做出新的表述，提出要“与时俱进地培育城市精神，大力塑造海纳百川、追求卓越、开明睿智、大气谦和的新形象，使全市人民始终保持艰苦奋斗、昂扬向上的精神状态”，自此，上海城市精神被表述为“海纳百川、追求卓越、开明睿智、大气谦和”。

上海这座城市，既饱经沧桑，给人以复杂的历史感；又生机勃勃，给人以常新的时代感。上海独特的身世和经历，其中的每一个阶段，都赋予上海这座城市不同的内涵。这些来自不同阶段的内涵的不断沉

6. 陈丹燕《都市的渴望》，《新闻晨报》2003年11月9日。
7. 张励《二十世纪五六十年代中国共产党对上海城市精神的再造》，《上海党史与党建》2016年7期，23页。

淀和不断丰富，就构成了上海区别于其他城市的城市基因、性格和传统，也就是上海城市的“常”，[8]或者说上海独特的城市精神、城市气质，以及由这种精神气质化合而成的传奇性魅力。1978年开始的改革开放，极大地释放、发展了上海原有的特质基因，使得这座城市迸发出强大的活力和生命力，在短短的几十年间，就以新的历史高度成为全球瞩目的社会主义国际大都市。

8. 周武《上海学》，上海人民出版社，2015年，4页。

附录

从上海学到上海研究

上海是一座具有复杂性、独特性、代表性的国际大都市，在中国和世界有着特殊地位和作用，也因此，香港中文大学人文学科研究所所长梁元生在《近八十年来的上海热》中指出："国人及外人对上海的兴趣，一直都存在着。旅行者的记录、地理家的观察、方志作者的描述，早已有之。但引用现代学术方法治上海史而蔚为热潮的，过去百年来，仅有两次而已。这是有意识、有规模、有计划、有队伍的集体性的学术文化活动。第一次的'上海研究热'，起于 20 世纪初 20 至 30 年代，以'上海通社'诸人为代表。第二次的'上海研究热'，则在 20 世纪后期中国改革开放之后。"[1]

对上海城市的研究虽然由来已久，但"上海学"这一名目却是由江闻道先生于 1980 年上海史研究会成立时首次提出的，他认为上海学就是研究上海史的学问。不过时任上海市市长的汪道涵认为，对上海的研究应该扩大到如何帮助当代社会发展这一命题。1987 年《上海文化年鉴》在新学科中增设"上海学"，认为："这是一门以上海命名的新学科研究，它以上海为研究对象，以探讨振兴上海的理论、方法为该学科的目的。作为一门综合性学科，上海学研究涉及的范围包括：社会科学、自然科学、文化、经济、生态环境、工艺技术，以及城市建设和管理等方面。"

1999 年，《史林》杂志举行"上海学笔谈"，史学家陈旭麓发表《上海学刍议》，认为"顾名思义，上海学当然是以研究上海为对象，但它不同于上海史、上海志，史是记述它的过去、志是分载它的自然和社会诸现象，学高于史、志，是它们的理论升华。上海学要研究上海沿革、政治、经济、文化、社会和自然状态，这些都是早已分别研究的内容，也是正在深入研究的内容，但它们的排列不等于'上海学'，即使在这基础之上的综合，也只是'上海大观'或'上海概述'，称不上'上海学'。上海学应该是从对于上海的分门别类及其历史和现

1. 梁元生《近 80 年来的上海研究》，《档案与史学》，2000 年 4 期，36 页。

状的研究中，找出它们的联系和内核，由此构成为研究和发展上海这样一种都市型的学理，富有上海的特殊性，又含有都市学的共性”，给上海学研究下了一个经典的定义。

但在实际中，上海学研究仍主要局限于上海史研究，而且取得了丰硕成果。早在1999年《上海通史》总序中，历史学家熊月之写道：“‘上海现象’早已引起学术界广泛的关注，成为研究的热点。20世纪80年代以来，上海已连续召开过四次上海史国际学术讨论会，每次都鸿儒云集，新见纷呈。上海史著作成批涌现，除了《上海史》《近代上海城市研究》等通论性的著作，还有形形色色的专门史、回忆录、图片集、纪录片，而且上海史研究早已越出上海的范围，成为全国众多学者共同研究的对象——上海史研究在国际上也繁荣空前——英语世界最权威的亚洲研究刊物《亚洲研究季刊》，在1995年特辟上海史研究专号，标志着国际学术界对上海史的空前重视。”

其实，与上海史研究相比较，更大规模的也许是在城市发展战略大讨论背景下，从社会科学切入的对当代上海的研究，以及各种应用咨询研究和蓝皮书、发展报告等。以最近的“面向未来30年的上海”发展战略研究为例，研究采取综合性与专题性相结合、国内与国际相结合的研究方式，委托世界银行和国务院发展研究中心分别承担国际版和国内版的总体战略研究，委托中央国家部委研究机构和首都高校开展战略环境研究，委托上海本地机构开展总体战略平行研究。上海市政府发展研究中心通过公开招投标方式，最后确定包括中央部委、上海、江浙地区和香港等76所知名院校和机构，共81个研究团队承担了43个专题研究任务。从2014年到2016年，结合联合国“世界城市日”活动，与世界银行共同成功举办了三届“全球城市论坛”。另外，围绕未来大都市空间战略、城市规模、产业与竞争力、交通与出行、新型城镇化、城市发展目标、社区与宜居城市、城市更新、文化与风貌、城市安全与风险应对、信息化与智慧城市等影响上海未来发展的重大问题，举办了系列研讨会。

因此，有关上海的研究，应突破原来的历史研究框架，舍弃带有历史学意义的“上海学”，改用范围更为广泛和研究方法更为多元的名称“上海研究”。举凡与上海有关的课题，都可以纳入上海研究的范围，尤其是出于对上海的“好奇或本土关怀”，研究这座城市的重大转型和发展模式，以及对上海持续变化的本质进行独特的聚焦，从而建设一门如历史学家周武所言，通贯整体的、人文科学与社会科学密切结合的、具有理论性与应用性学科特点的新学问。

图书在版编目（CIP）数据

上海模式：上海社会研究 / 王世军著. -- 上海：同济大学出版社，2020.8

ISBN 978-7-5608-9256-6

Ⅰ. ①上… Ⅱ. ①王… Ⅲ. ①城市经济-经济发展-研究-上海 Ⅳ. ① F299.275.1

中国版本图书馆 CIP 数据核字 (2020) 第 077882 号

上海模式

SHANGHAI MODEL

上海社会研究

王世军　著

责任编辑　张　翠　　责任校对　徐春莲　　装帧设计　张　微　每日一文

出版发行　同济大学出版社 www.tongjipress.com.cn

地　　址　上海市四平路 1239 号　　邮编　200092　　电话　021-65985622

经　　销　全国新华书店

印　　刷　常熟市大宏印刷有限公司

开　　本　787mm×960mm　1/16

印　　张　13.5

字　　数　270 000

版　　次　2020 年 8 月第 1 版　2020 年 8 月第 1 次印刷

书　　号　ISBN 978-7-5608-9256-6

定　　价　68.00 元